Vivianne Perret

Les secrets des grandes amoureuses

La librairie
VUIBERT

Collection dirigée par
Guillaume Dervieux et Guy Stavridès

ISBN 978-2-311-00884-5

5, allée de la 2e D.-B., 75015 Paris
www.vuibert.fr
www.la-librairie-vuibert.com

« Comment puis-je enserrer un homme
sans tour, sans murs et sans fers,
de manière qu'il ne puisse jamais s'échapper
sans mon consentement ? »

La fée Viviane à l'enchanteur Merlin
Lancelot du Lac, XIIIe siècle

Ce qu'est l'amour, qui le dira ?

Femmes amoureuses

« Oh ! c'est l'amour, l'amour, qui fait tourner la Terre », écrivait Lewis Carroll.

Mais ce qu'est l'amour, dans certaines âmes, qui le dira ? s'interrogeait au XIXe siècle Marie de Flavigny, comtesse d'Agoult, qui aima passionnément le pianiste et compositeur Franz Liszt.

L'amour n'est pas toujours pur, désintéressé et éternel. Il est aussi volage, vénal, tyrannique, passionnel, tragique, conduisant les amants à leur perte ou – moindre mal – les contraignant à vivre secrètement leur union.

Et ce, depuis fort longtemps : Abigaïl, nous dit la Bible, désobéit à son mari pour prêter allégeance au roi David et devenir sa femme. Dalila usa de ses charmes pour ensorceler Samson.

Héroïques pour sauver l'homme qu'elles aiment, traîtresses pour se venger d'un infidèle ou par goût du pouvoir, vertueuses et chastes, libertines et multipliant les conquêtes, les amoureuses de l'Histoire n'ont rien à envier à celles évoquées dans les récits bibliques.

Une femme amoureuse serait, à en croire le dramaturge Étienne Rey[1], une esclave qui fait porter les chaînes à son maître… Néanmoins, les hommes paraissent bien souvent ravis de s'enchaîner ainsi. Le mythe de la belle Viviane gardant éternellement Merlin l'enchanteur prisonnier dans son palais de cristal n'est-il pas né de l'imagination masculine ?

Cependant, n'allez pas supposer qu'une femme se doit d'accumuler les galants ou même d'aimer follement l'objet de son désir pour accéder au statut de grande amoureuse ! Certaines n'ont connu qu'un seul homme, et pour d'autres l'amour fut l'unique arme à leur disposition pour s'élever dans la société.

Braver les interdits afin d'assouvir librement sa passion (qu'elle soit sincère ou calculée) caractérise bien plus aisément une grande amoureuse.

Ainsi, la jeune Sophie de Ruffey, mal mariée à un vieillard de cinquante ans son aîné, aurait pu devenir veuve et riche relativement tôt. Au lieu de cela, elle s'enflamma pour le comte de Mirabeau. Elle s'enfuit avec son amant à l'étranger où ils furent pourchassés. Au XVIIIe siècle, on ne badinait pas avec l'adultère et le châtiment fut sévère : Sophie fut cloîtrée. Roxelane, et qui oserait lui jeter la pierre, préféra se construire une destinée plus grandiose que celle d'esclave de harem. Bousculant les coutumes dynastiques du puissant Empire ottoman, sa grande

1. Dramaturge et critique littéraire français (1873-1940).

passion, feinte ou réelle, pour le sultan Süleyman la propulsera au sommet du pouvoir. Mileva Marić, Serbe de religion orthodoxe, épousa l'Allemand Albert Einstein de confession juive malgré l'avis parental. Plus proche de nous, Nadine Vaujour osa défier la loi en faisant évader, en 1986, son compagnon de la prison où il était détenu.

L'originalité des grandes amoureuses, en brisant le carcan des conventions de leur époque, est de révéler la place des femmes dans la société. En défendant l'idée neuve que représentait le droit à l'amour, elles esquissent en filigrane un étonnant tableau de la condition féminine à travers les siècles.

Parmi toutes celles qui ont traversé l'Histoire, voici onze portraits de femmes, éloignées les unes des autres dans le temps, venues d'horizons différents, mais toutes entraînées dans le tourbillon irrésistible des passions.

La petite reine

Odinette de Champdivers

Un petit village jurassien, au nom bucolique de Champdivers, situé à une quinzaine de kilomètres de Dôle, sous-préfecture du département du Jura, rappelle le souvenir d'Odinette de Champdivers, compagne de Charles VI, dit *le fol.*

Les Champdivers étaient une famille d'ancienne chevalerie qui avait pris le nom du lieu. Le château, détruit et reconstruit à différentes périodes, fut certainement à l'origine de la naissance du village, lequel, aujourd'hui, a dédié une rue à Odinette, celle qui accepta la tâche difficile de vivre au côté du roi devenu fou. Charles *l'insensé* avait cependant sombré dans la folie longtemps avant que la jeune femme ne devînt sa maîtresse officielle.

Odinette n'était encore qu'une enfant, d'environ trois ou quatre ans, sa date de naissance n'étant pas formellement établie, lorsque, en 1392, le premier accès de démence frappa le roi de France.

Charles VI était encore surnommé *le bien-aimé*. Il régnait depuis douze ans, heureusement marié à une princesse allemande, pleine de charme, dont il était tombé amoureux au premier regard. La vue de la ravissante Isabeau de Bavière l'avait transporté au point de refuser de patienter jusqu'à la date de la cérémonie des noces prévue à Arras. Charles VI l'avait épousée huit jours après leur première rencontre à Amiens. Depuis, le couple courait les fêtes et accumulait les plaisirs en compagnie du frère de Charles, Louis d'Orléans, et de l'épouse de ce dernier, la belle Valentine Visconti. On laissait aux oncles du roi le soin de gérer les besognes fastidieuses qu'entraînait l'administration d'un royaume pour se consacrer aux chasses, aux divertissements et aux jeux, y compris ceux de hasard, pourtant formellement défendus par l'Église. Le roi et sa cour offraient à cet égard un parfait exemple de désobéissance.

Mais le premier signe de sa folie vint bouleverser cette situation.

En juin 1392, le connétable Olivier de Clisson, homme fort du royaume, fit l'objet d'une tentative d'assassinat. L'entourage du roi vit dans cet attentat la main du duc de Bretagne, qui haïssait Clisson. De surcroît, on supposait le coupable, Pierre de Craon, réfugié sur ses terres. Charles VI tint à venger le connétable, son soutien et protecteur depuis l'enfance, et mobilisa ses troupes. Puisque le duc de Bretagne se moquait du roi en affirmant qu'il ne connaissait pas le lieu où se terrait Craon, eh bien, on irait le chercher !

Louis d'Orléans soutenait ardemment l'idée d'une expédition punitive, à croire qu'il avait un intérêt particulier à se débarrasser définitivement de Pierre de Craon. En effet, ce dernier avait été un de ses confidents avant d'être brusquement chassé de sa Cour peu de temps avant la tentative d'assassinat perpétré sur le connétable.

Tandis que la troupe royale quittait Paris, début août, pour rejoindre au Mans l'armée du roi, où se rassemblaient des chevaliers venus de tout le pays, les langues se déliaient et une étrange histoire de sorcellerie, impliquant Louis d'Orléans lui-même, parvint aux oreilles du roi. Craon aurait ainsi abusé de la jeunesse et de l'immaturité du prince en l'entraînant à pratiquer la magie noire, d'où sa disgrâce. D'autres prônaient une théorie diamétralement opposée, à savoir que le frère du roi, ne supportant plus les remontrances de son confident sur son engouement pour la sorcellerie, l'aurait évincé de la Cour pour ne plus être sermonné… ou bien pour ne pas trahir ses secrets.

Car les détails de l'affaire étaient troublants.

Le prince aurait obtenu par des incantations diaboliques un talisman pour s'attirer la faveur des femmes. Le souhait avait déjà de quoi surprendre, car le frère du roi, fort joli garçon, n'avait nul besoin de maléfices pour séduire. Mais le roi pouvait légitimement s'interroger sur l'usage que son frère comptait faire des autres objets soumis à des forces diaboliques lors de ce rituel. Il avait peut-être constaté le changement d'attitude de Louis à son égard. Le prince avait acheté des terres pour acquérir une autonomie seigneuriale. Cette histoire de sorcellerie laissait sous-entendre que sa volonté d'indépendance ne se bornerait pas à quelques parcelles de terrain. Petit à petit, il ne se posait plus en intime de Charles, mais en rival.

Le roi et ses compagnons d'armes traversaient à présent la forêt du Mans. Aux suspicions naissantes sur les véritables intentions de son frère et son courroux contre le duc de Bretagne s'ajoutait le désagrément de l'intense chaleur de la journée. Le soleil d'août à son zénith incommodait fortement les chevaliers. Charles, engoncé dans son habit de velours noir portait par-dessus un chaperon de drap, alourdi par les perles dont il était orné. Brusquement, un homme surgit, pauvrement vêtu, le visage grimaçant ou défiguré. Il saisit la bride du cheval du roi et lui intima l'ordre de s'en retourner :

« Ne va pas plus loin, noble roi, car tu es trahi. »

L'intrusion de cet homme étrange qui disparut sans être arrêté sembla avoir causé une forte frayeur au roi. Un page, derrière lui, laissa tomber par mégarde une lance qui ricocha bruyamment sur l'acier du casque porté par un autre, provoquant une violente réaction de la part du roi. Se croyant menacé, il hurla qu'il était trahi et se mit à frapper comme un forcené autour de lui. Il s'attaqua à son frère, le duc d'Orléans, avant de s'en prendre à d'autres soldats pendant plus d'une heure. Finalement maîtrisé, il perdit connaissance. On annula l'expédition et, en toute hâte, on ramena le roi à Paris.

Charles *le bien aimé* avait tué quatre hommes lors de son accès de folie et tenté d'occire son frère. Soigné, contraint au repos pendant des semaines, le roi sortit peu à peu de sa confusion mentale et l'ombre de la démence se dissipa. Charles se confessa, communia, dit des messes pour expier ses actes meurtriers et les bals reprirent. À peine six mois plus tard, en janvier 1393, il fut convié aux noces de Catherine l'Allemande, une dame d'honneur d'Isabeau de Bavière. Les liens d'affection qui l'unissaient à la reine, de part leurs origines communes, ne mettaient pas pour autant cette femme, par deux fois veuve, à l'abri du charivari qu'allait susciter une troisième union. Il était en effet rituel au Moyen Âge de se gausser d'un remariage en organisant un joyeux tapage au beau milieu des noces.

À l'heure du bal, six hommes couverts de poils, enchaînés les uns aux autres, firent irruption parmi les convives, se comportant comme des bêtes sauvages, poussant des cris inarticulés et se mirent à danser. Leurs costumes de poix, de touffes de lin et d'étoupe risquaient de prendre facilement feu et, sagement, l'ordre fut donné d'écarter les torches de la scène. Soudain, le duc d'Orléans, accompagné de ses gens portant des flambeaux, fit irruption dans la salle où se déroulait le bal. S'approchant de ces sauvages, le prince attrapa l'une des torches de sa suite pour les éclairer, arguant désirer reconnaître qui se dissimulait derrière les masques grotesques. Une flammèche embrasa le costume de l'un de ces hommes costumés et le feu se propagea à toute la colonne. Le roi, qui comptait parmi ces joyeux drilles, dut la vie sauve à la présence d'esprit de la duchesse de Berry qui roula le malheureux dans l'épaisse traîne de sa robe, étouffant ainsi les flammes. Indemne, il s'empressa de rassurer son épouse, Isabeau.

La crise de folie dans la forêt du Mans avait impressionné tout le royaume. Le drame du bal des Ardents, réveilla l'angoisse du peuple comme celle de l'entourage du roi sur sa capacité à gouverner et sur les dangers qui le guettaient. Non seulement on craignait une autre crise de démence à la suite de ce tragique épisode, mais Charles VI avait failli périr en participant à des jeux qui étaient loin d'être innocents. L'usage du charivari était formellement condamné par l'Église, car selon les instances ecclésiastiques, il tournait le mariage en dérision. Le contrevenant s'exposait à des sanctions pouvant aller jusqu'à l'excommunication.

Quant à Louis d'Orléans, sa conduite éveillait la suspicion. Cherchait-il à prendre la place du roi ?

Charles VI et son frère se hâtèrent de faire amende honorable par des actes de charité, et l'hôtel où se déroula le bal tragique « des Ardents » fut démoli afin de tenter d'effacer toute trace du drame.

Les mois s'écoulèrent. Le royaume respirait. Le danger semblait définitivement écarté lorsqu'en juin de la même année, une nouvelle crise entraîna Charles VI dans la *frénésie* qui l'avait saisi dans la forêt du Mans, le laissant hagard et prostré après ses accès de fureur.

Pendant qu'Odinette de Champdivers grandissait pour devenir la belle et gracieuse jeune femme qu'Isabeau de Bavière mettra dans le lit de son mari, le roi perdait définitivement la raison.

Pendant les dix premières années, les crises alternèrent avec des périodes de rémission plus ou moins longues où le souverain recouvrait totalement la raison et en profitait pour remettre de l'ordre dans le royaume. Il infirmait ou non les décisions de ses oncles qui avaient repris le contrôle du pays. Les divisions s'accentuaient au fil du temps entre le parti bourguignon, avec à sa tête Philippe le Hardi, duc de Bourgogne, puis plus tard son fils, Jean sans Peur, et le parti des Armagnacs, soutenu par Louis d'Orléans, le frère du roi. Au milieu de ces dissensions, Isabeau de Bavière occupait une position singulière. Présidant le Conseil de Régence, elle n'était nullement préparée au rôle politique qu'elle était censée jouer. Elle n'était pour l'instant qu'un jouet aux mains du parti bourguignon. Pressentant les affres encourues si le roi venait à disparaître, elle préparait son avenir en pillant allègrement le Trésor royal pour se constituer un pactole. Lorsque le roi recouvrait la raison, elle remplissait son devoir de reine en partageant sa couche pour assurer la descendance royale. Déjà mère de cinq enfants, elle en accouchera de sept autres (la dernière naissance de son fils, mort-né, datant de 1407).

Deux éléments virent gravement perturber cet équilibre particulièrement fragile.

Le chef du parti bourguignon décéda en 1404 et Isabeau de Bavière se rapprocha alors de son beau-frère, Louis. Une alliance clairement affichée qui engendra rapidement la scandaleuse rumeur que la reine et son beau-frère étaient amants. La conduite d'Isabeau fut même blâmée en chaire par un moine augustin qui l'accusait de faire régner « Vénus à sa cour avec l'ivresse et la débauche pour cortège ». Un contemporain bien informé, un religieux de Saint-Denis du nom de

Michel Pintoin, rapportait dans sa chronique[1] qu'Isabeau de Bavière et Louis d'Orléans « oubliaient tellement les règles et les devoirs de la royauté qu'ils étaient devenus un objet de scandale pour la France et une fable pour les nations étrangères ».

La reine n'avait plus guère envie de jouer la garde-malade auprès d'un roi dont la santé mentale empirait. Lors de ses crises, il manifestait à présent de la haine à l'encontre de son épouse, au point, relate le religieux de Saint-Denis que « comme on craignait fort qu'en raison de sa maladie, il ne se portât à quelque violence contre la personne de la reine, on ne le laissait point coucher avec elle ». Débarrassée de tout scrupule à l'égard d'un mari violent dont les accès de folie se durcissaient et s'allongeaient, Isabeau autorisa son remplacement dans le lit du roi par Odinette de Champdivers.

Cette jeune fille « belle, gracieuse et charmante[2] », d'environ dix-sept ans, aurait consenti à devenir la concubine de Charles *le fol* aux alentours de 1405-1406. Elle était vraisemblablement la fille d'Odin de Champdivers qui exerçait la charge réservée à la noblesse de maître d'hôtel du roi. Louis d'Orléans aurait-il convaincu Isabeau de Bavière que cette solution était la seule pour apaiser les sens de Charles VI (car il aimait fort les femmes) et protéger la reine de sa violence ? On peut cependant supputer que le nom de la jeune fille désignée pour remplir

1. *Chronique du Religieux de Saint-Denis* ou *Chronique de Charles VI* de 1380 à 1420.
2. *Chronique du Religieux de Saint-Denis.*

cet office difficile avait été suggéré par le clan bourguignon. Le duc de Bourgogne, Jean sans Peur, appréciait certainement de placer l'un de ses pions dans la couche du roi, alors que sa position était affaiblie auprès de la reine depuis le décès de son prédécesseur, Philippe le Hardi. Car la famille d'Odinette de Champdivers s'était liée à la cause bourguignonne. Son frère, Odinet, était au nombre des chevaliers qui suivirent le duc de Bourgogne en 1394 et un autre Champdivers, prénommé Guyot ou Guillaume, réapparut dans le clan bourguignon après avoir été page à l'hôtel d'Isabeau de Bavière.

Mais dans les bras de quel homme poussait-on la jeune Odinette ?

L'évêque et historien de Charles VI, Jean Juvenal des Ursins, né du vivant du roi[1], nous en brosse un triste portrait en 1405. Il était malade depuis le mois de juillet ; aux accès de furie qui initiaient les crises et lui faisaient tout détruire sur son passage succédait un état de prostration qui s'éternisait. Il refusait de se laver, de changer de vêtements et s'en prenait violemment à ceux qui tentaient de l'y obliger. Son corps, écrivait Jean Juvenal des Ursins, était « tout plein de poux, de vermine et d'ordure ». On employa un subterfuge pour contraindre le roi à prendre un bain. Dix hommes déguisés, le visage noirci, une cuirasse sous leurs vêtements pour se prémunir des coups portés par Charles VI, le prirent par surprise et réussirent à le déshabiller et à le laver ! La crise de mélancolie profonde où son esprit absent lui faisait oublier qu'il était

1. 1388-1473.

le roi se prolongea jusqu'en décembre. Mais lorsque les ténèbres dans lesquelles s'enlisait Charles VI se dissipaient, l'apaisement ne venait pas pour autant. D'une nature hyperactive et insomniaque, il était dévoré par la hantise de la rechute et la souffrance de ses actions commises pendant ses accès de furie.

La tâche qui incomba à Odinette était ardue et les chroniques de l'époque rapportent qu'elle fut dédommagée matériellement en recevant « deux beaux manoirs avec toutes leurs dépendances, l'un à Créteil et l'autre à Bagnolet ». Mais la récompense financière, relativement modeste en regard des exigences d'autres favorites de rois au cours des siècles, n'explique pas pour autant son dévouement à la cause de Charles VI. Elle resta en effet à ses côtés jusqu'à sa mort et aucun texte ne signale que le roi se soit lassé de sa présence et eût l'intention de la renvoyer. Le peuple, initialement choqué par ce concubinage attitré, s'habitua à la compagne du roi et la surnomma « la petite reine ».

Le couple royal ne vivait plus sous le même toit. Isabeau de Bavière s'était installée à l'hôtel Barbette, tandis que Charles VI vivait reclus, laissé aux soins d'Odinette, à l'hôtel Saint-Pol. Il s'agissait d'un domaine situé entre la rue Saint-Antoine et la Seine, comprenant divers corps de bâtiments reliés entre eux par des cloîtres, des jardins et des galeries, construit par le père du roi au siècle précédent. Les comptes de l'hôtel révèlent les conséquences des accès de démence qu'affrontait Odinette : le roi détruisait tout ce qui lui tombait sous la main et il fallait remplacer les tapisseries déchirées, les sièges éventrés, les vêtements lacérés, la vaisselle d'or et d'argent déformée sous les coups. Lorsque le roi retombait dans sa léthargie, on devait l'obliger à se laver, à manger régulièrement et l'empêcher de se jeter sur la nourriture comme un animal avec « gloutonnement et loupvissement ». La jeune fille assistait aux soins horribles prodigués par les médecins et devait le réconforter après les terribles séances.

En effet, dès les premières crises de Charles VI, son entourage avait tenté de le guérir. Pour cela, il était indispensable de découvrir les racines de ce mal étrange et on soupçonna l'empoisonnement ou l'ensorcellement. La première hypothèse fut rapidement écartée après enquête, mais celle d'une œuvre maléfique continuait de séduire le peuple. D'autant plus que Charles VI, lors de ses premières crises, n'acceptait qu'une seule présence à ses côtés : sa belle-sœur, la belle Valentine Visconti, alors que dans le même temps, il concentrait son agressivité sur son frère, hurlant que Louis cherchait à le tuer. Les bonnes gens, connaissant le goût pour l'occulte du couple, murmuraient que Valentine faisait usage de ses talents pour maintenir le roi dans la folie et faciliter la prise de pouvoir de son mari. Louis d'Orléans jugea finalement plus prudent, en 1396, d'éloigner sa femme de la Cour pour faire taire les rumeurs. Mais la sorcellerie était autant une cause possible de la maladie qu'un moyen pour la guérir, et le pauvre Charles VI se vit infliger la présence de toutes sortes de charlatans qui lui prodiguaient des soins aussi curieux qu'inefficaces, comme des mixtures à base de perles pilées à avaler. On fit venir un nécromancien originaire du Languedoc, du nom d'Arnaut Guillem, d'une saleté répugnante, qui clamait qu'il pouvait guérir le roi par la seule puissance du *Smagorad,* un livre donné à Adam par les anges. Impuissant à aider Charles VI, le magicien laissa derrière lui un parfum de soupçon, ayant affirmé qu'Isabeau de Bavière empêchait le rétablissement de la santé de son mari.

Le recours à ces pratiques magiques aura néanmoins une conséquence inattendue et tragique. À la suite d'un procès en idolâtrie intenté à Jean de Bar, un magicien vraisemblablement engagé par le duc de Bourgogne, Philippe le Hardi, pour désenvoûter le roi, la faculté de Théologie de l'université de Paris statuera, par l'énoncé solennel de la *Determinatio magistralis* du 11 septembre 1398 que la magie rituelle n'était pas l'expression d'une superstition, mais constituait une hérésie équivalant à idolâtrer le démon. En s'appuyant sur cette décision, la chasse aux sorcières, et sorciers, prit son essor et les bûchers s'allumèrent aux quatre coins de la France.

Si la sorcellerie s'avérait incompétente pour guérir le roi, restait la médecine. Mais, pour quelques médecins prudents qui préconisaient le repos et la patience en blâmant ses excès de jeunesse comme origines du mal, d'autres proposaient des remèdes affreusement douloureux.

Odinette dut ainsi assister aux « purgations par la tête » auxquelles on soumettait le roi. Les physiciens entaillaient le cuir chevelu de Charles VI, espérant de cette manière chasser les humeurs du malade. Les comptes de l'hôtel de Saint-Pol gardent mémoire « des coiffes et enveloppes où [l'apothicaire du roy] a mis médecines pour être posées sur la teste de notre dudit seigneur ».

En 1407, l'assassinat de Louis d'Orléans va précipiter la France dans une lutte sans merci entre le parti des Armagnacs et celui des Bourguignons.

Le 23 novembre de cette année, le frère du roi venait de rendre visite à Isabeau à l'hôtel Barbette où elle se remettait de l'accouchement de son dernier fils, mort-né. Un message lui parvint l'enjoignant de venir sans délai voir le roi à l'hôtel Saint-Pol. Sur le chemin, il fut assassiné par des hommes à la solde de Jean sans Peur, le duc de Bourgogne. Charles VI, rapidement averti mais plongé dans l'état de prostration qui suivait ses accès de fureur, ne manifesta aucune émotion. De même, il sera dans l'incapacité d'assister à la justification que le duc de Bourgogne donna de son meurtre l'année suivante, car il sera à nouveau frappé par une crise.

Le roi aura ainsi une cinquantaine de rechutes, de plus en plus graves. La frontière nette entre les périodes de rémissions et celles de crises s'estompait à un tel point qu'à partir de 1414, on pouvait considérer que l'état de folie ne quittait plus le roi.

Il fallait donc beaucoup de compassion, de douceur mêlée de fermeté pour que la jeune Odinette puisse supporter les humeurs tour à tour agressives et dépressives du roi. Elle puisait peut-être sa force lors des périodes de rémission de Charles VI, lorsqu'elle accepta d'être sa concubine. Grand gaillard à large carrure, âgé d'une quarantaine d'années, il jouissait paradoxalement d'une belle santé physique. Excellent cavalier, bon chasseur, il ne perdait aucune occasion de tirer à l'arc ou à l'arbalète et de jouer au jeu de paume. Avant que ses troubles du comportement ne l'enfonçassent définitivement dans la mélancolie, il redevenait, à chaque fin de crise, l'homme attentif, généreux et plaisant que décrivaient ses contemporains. Le regard qu'il portait alors sur Odinette n'était plus celui d'un patient sur une garde-malade dévouée. Elle remplaçait Isabeau de Bavière y compris dans l'affection de Charles VI puisqu'elle accoucha, vers 1408, d'une fille, Marguerite. Dix ans plus tard, il dota sa fille et sa maîtresse d'une rente obtenue par les produits du péage de Saint-Jean-de-Losne en Bourgogne, à une dizaine de kilomètres du village de Champdivers, et du rouage de Troyes. Puis, en 1422, il alloua à son enfant une somme annuelle et à vie de cinq cents livres.

Mais quand son bel et royal amant subissait une crise, Odinette devait s'en occuper. Charles VI affectionnait particulièrement le jeu d'échecs où il excellait, jouant avec ses pages, et sa maîtresse s'employait à le distraire avec un autre amusement qui avait fait son apparition en France vers 1380 : les cartes à jouer.

Ce jeu de hasard, qui, selon le trait d'humour de l'historien Victor de Bled, « est le moyen le plus rapide avec le mariage de s'approprier légalement le bien d'autrui », fut très vite considéré comme un fléau pour la jeunesse ! Le prévôt de Paris, en 1397, ayant constaté que « plusieurs gens de métier et autre du petit peuple quittent leur ouvrage et leur famille pendant les jours ouvrables, pour aller jouer à la paume, à la boule, aux dez, aux cartes », fit alors « défenses aux personnes de cette condition de jouer pendant les jours ouvrables ». Les autorités ecclésiastiques les interdirent à leurs subordonnés, dans les couvents et les monastères tandis que les nobles adoptaient avec plaisir cette nouvelle manière de se distraire. Un compte de l'argentier Charles Poupard, surintendant de finances de Charles VI, mentionne ainsi l'achat au peintre Jacques Gringonneur pour la somme de 56 sols parisis de « jeux de cartes à or et à diverses couleurs, de plusieurs devises pour porter devers ledit seigneur roi pour son esbattement ».

Une jolie légende court d'ailleurs à ce sujet faisant de la Petite Reine l'inspiratrice de l'introduction des personnages de Cour (rois, reines et valets – premier degré de la chevalerie) pour agrémenter le jeu[1].

Cette longue liaison prit brutalement fin le 21 octobre 1422 avec la mort du roi. Le pays, gouverné par le duc de Bourgogne et Isabeau de Bavière, revenait aux Anglais, selon les clauses du traité de Troyes. Ainsi, l'héritier légitime, le futur Charles VII, se trouvait déshérité du trône au profit de son voisin outre-Manche, Henri V.

Odinette et sa fille n'avaient plus leur place à l'hôtel Saint-Pol et se réfugièrent à Saint-Jean-de-Losne, source de leurs revenus accordés par Charles VI. Mais la guerre civile qui ravageait la France bouleversa ces arrangements et les priva rapidement de leur moyen de survie. Acculée, Odinette se rendit alors à Dijon en avril 1424, pour tenter de plaider sa cause auprès du duc de Bourgogne, Philippe le Bon (succédant à Jean sans Peur, assassiné en 1419).

---

1. Le magnifique jeu de Tarot dit « de Charles VI » conservé à la Bibliothèque nationale est plus tardif, du XVe siècle : ce n'est donc pas avec ce jeu qu'ont joué Odinette et le roi.

Elle s'installa à l'hostellerie de la Croix de Fer, mais, outre les démarches effectuées pour recouvrir sa pension, elle se mit en relation avec un espion de Charles VII[1], le fils de Charles VI, spolié du trône par l'envahisseur anglais. Avant d'être fidèle à la cause bourguignonne, Odinette demeurait loyale à son royal amant défunt.

Cet émissaire de Charles VII, un frère cordelier du nom d'Étienne Charlot, avait pour mission de parcourir la Bourgogne et d'y recueillir toutes les informations susceptibles de prévenir les mouvements des adversaires du dauphin. Odinette lui fit part d'un complot qui se tramait à Lyon dont elle avait été informée par une indiscrétion du lieutenant du bailli de Châlons. Plusieurs notables de la ville s'apprêtaient à la vendre au comte de Salisbury, commandant les troupes anglaises alliées au duc de Bourgogne. La nouvelle était d'autant plus alarmante que l'ordre avait été, sitôt après l'entrée des troupes, de massacrer toute personne du parti de Charles VII. Le frère Étienne se hâta d'en avertir la duchesse de Bourbon qui relaya la suspicion d'une conspiration auprès du dauphin. Ce dernier, nous affirment les archives, prit le renseignement très au sérieux car « il connaissait bien la Petite Reine ». Grâce à Odinette, Lyon échappa aux Anglais, mais le frère Étienne Charlot fut arrêté à son retour en Bourgogne et avoua d'où il tenait l'information. Odinette et sa fille, en mauvaise posture, furent convoquées par le

1. Réfutant les termes du traité, surnommé par dérision « Roi de Bourges » et sa légitimité contestée, Charles VII sera sacré roi de France à Reims en 1429, en présence de Jeanne d'Arc.

grand conseil du duc. L'ancienne maîtresse de Charles VI tint la dragée haute aux hommes de Philippe Le Bon, affirmant avec force que si elle avait « perdu tout son bien et celui de sa fille », pour autant « elle ne voulait pas perdre son âme ». Le duc ne sembla pas tenir rigueur aux deux femmes de leur fidélité à la descendance de Charles VI, puisqu'elles purent quitter Dijon et, quatre mois plus tard, elles reçurent un secours financier de trente francs. Une somme fort inférieure à ce qu'elles auraient pu prétendre si les libéralités de Charles VI avaient été respectées. Retirée dans le Dauphiné avec sa fille, la Petite Reine dut mourir à cette époque, dans un triste état de dénuement.

Sa fille, Marguerite, connut un sort plus favorable. Charles VII fit venir sa demi-sœur à ses côtés dès 1425, qu'il légitima sous le nom de Marguerite de Valois et la maria à un chevalier, Jean de Harpedenne, seigneur de Montaigu et de Belleville. La postérité du roi fou et de la petite reine s'éteignit cent cinquante ans plus tard, avec le décès du dernier seigneur de Belleville sur le champ de bataille de Coutras en 1587. Pourtant, Odinette de Champdivers allait revivre quelques siècles plus tard.

Dès les années 1820, un nouveau mouvement artistique s'imposa en France, décidé à briser les codes du classicisme et à privilégier le sentiment à la raison. Le romantisme envahissait la littérature, la musique, la peinture et la sculpture. Odinette de Champdivers, acceptant par amour la déraison de son amant, se révélait une source d'inspiration pour ces artistes. Alexandre Dumas ouvrit le bal en 1835 dans son roman *Isabel de Bavière*.

« Charles est-il bien ainsi ? dit Odette. Le roi leva les yeux sur elle avec une ineffable expression de reconnaissance. Oh ! oui, dit-il, Charles est bien… bien… bien !… Alors Charles peut dormir et Odette veillera près de lui pour que le chien noir n'entre pas. »

Le sculpteur Victor Hugenin, jurassien comme Odinette, s'inspira des lignes du romancier pour figer cet amour dans le marbre. L'opéra *Charles VI*[1] présenté en 1843 au théâtre de l'Académie royale de musique rappelait l'engouement du roi à jouer aux cartes avec la jeune femme. Ce qu'immortaliseront les peintres Eugène Leygue (élève de Delacroix) et Hugues Merle (élève de Coignet), quelques années plus tard. L'historien Louis Prevel pouvait ainsi déclarer à juste titre que, dans notre imaginaire, la belle Odinette « est bien moins une figure historique qu'une figure légendaire », symbolisant l'abnégation où la conduisit l'amour qu'elle portait à Charles VI.

1. Poème de Casimir et Germain Delavigne mis en musique par Fred Halévy.

L'esclave de la Sublime Porte

Roxelane

Sur terre, le diable avait son armée : les Tatars de Crimée.

Du moins, les Ruthéniens, au début du XVIe siècle, devaient, sans nul doute, assimiler les descendants de la Horde d'Or de Gengis Khan à des démons lorsqu'ils pillaient et brûlaient leurs villages lors de leurs incursions fréquentes et destructrices. Lors d'un de leurs terribles raids, une jeune adolescente parmi d'autres fut emportée de force loin de sa Ruthénie natale pour être vendue. Son destin allait se révéler extraordinaire, bouleversant les us et les coutumes dynastiques bicentenaires du puissant Empire ottoman.

Ses ravisseurs, turcophones ayant embrassé l'islam sunnite, s'étaient sédentarisés en Crimée au siècle précédent. L'État ainsi fondé, le Khanat de Crimée, s'était allié à l'Empire ottoman. Redoutables cavaliers, ces guerriers des steppes se mettaient au service du sultan pour combattre leurs voisins chrétiens, la Moldavie, la Russie et la

Pologne. L'étendue des territoires qui constituèrent la Ruthénie varia au cours des siècles, mais se composait de terres sous contrôle de Kiev. Le mot a longtemps survécu pour désigner l'Ukraine.

Les Tatars, en dévastant ces pays, faisaient là d'une pierre deux coups, car les expéditions leur permettaient également d'enlever la population locale et d'alimenter le trafic d'esclaves pour lesquels ils étaient réputés.

L'adolescente promise à un étonnant avenir n'était en effet pour l'instant qu'une malheureuse captive, tremblante de frayeur, traînée avec d'autres compagnons d'infortune vers Cafta (ou Kefe en langue tatare), un port sur la mer Noire, plaque tournante du marché des esclaves. La jeune fille vendue fut surnommée Roxelane, « celle qui est de Ruthénie », et expédiée à Constantinople probablement entre 1518 et 1520.

Soixante-dix ans auparavant, la capitale de l'Empire byzantin (ou empire romain d'Orient) avait cédé sous les coups portés par les troupes de Mehmed II, le 29 mai 1453. Cette victoire consacra la suprématie de la dynastie ottomane en faisant sauter le dernier verrou qui muselait l'expansion des Turcs. À vrai dire, la ville avait perdu beaucoup de sa gloire passée, mais, conscient du symbole qu'elle représentait, le sultan en fit la nouvelle capitale de l'Empire ottoman. Porte entre l'Orient et l'Occident, Constantinople passait définitivement sous le contrôle des Turcs[1]. Les nouveaux

1. La ville (elle-même construite sur les ruines de l'antique cité de Byzance) deviendra Istanbul en 1930 d'après le nom d'un vieux quartier de la ville, Stamboul.

maîtres s'empressèrent d'islamiser la ville, construisant des mosquées ou affectant au culte musulman des édifices chrétiens dont la basilique Sainte-Sophie en fut l'exemple le plus célèbre. La ville conserva toutefois le charme cosmopolite qui avait été le sien à l'époque de sa gloire byzantine, car le sultan, de gré ou de force, repeupla Istanbul de Turcs et d'étrangers, attirant artistes, artisans et juifs fuyant la persécution religieuse qui sévissait en Europe. Mehmed II abandonna son palais d'Edirne/Andrinople pour celui qu'il fit ériger en 1462 sur une colline dominant le détroit du Bosphore et la mer de Marmara. À l'entrée de la Corne d'Or – un golfe profond et bien abrité dont les eaux, lorsqu'elles étaient effleurées par les rayons du soleil couchant, se teintaient d'or – Topkapi Sarayi devint la nouvelle résidence impériale (et le resta jusqu'en 1853). Par extension, la Porte, traduction de *kapi* dans Topkapi, désignait le gouvernement ou le palais s'il s'agissait du souverain. Les Occidentaux finirent par englober dans l'appellation « la Sublime Porte » l'Empire ottoman tout entier.

Au cours des siècles, on multiplia les bâtiments et les pavillons de Topkapi, les reliant entre eux par des cours dallées ornées de fontaines, donnant à l'ensemble l'impression d'une ville nichée au sein même de la capitale. Cependant, à l'arrivée de Roxelane à Constantinople, sexe et pouvoir étaient clairement séparés, politiquement mais également géographiquement. Le sérail impérial où étaient regroupées les esclaves sexuelles était situé dans un autre quartier, à côté de Beyazit, dans le Vieux Palais, ancienne demeure de Mehmed II avant la construction de Topkapi.

Roxelane connut-elle l'humiliation du marché des esclaves situé sur le quai qui longeait la rive nord de la Corne d'Or, où les riches Stambouliotes venaient se fournir en marchandise humaine, négociant âprement les prix de leurs futurs domestiques ou concubines ? Ou bien fut-elle vendue directement par les Tatars au port de Cafta, en Crimée, à l'un de ces marchands grecs qui pourvoyaient habituellement le harem du sultan en jeunes filles ? Toujours est-il qu'elle fut acquise pour le sérail impérial et enfermée au harem.

Ce mot qui désigne la partie de la maison réservée aux femmes et à leurs enfants dérive de l'arabe *haram*, ce qui est défendu, inviolable. Parce que, précisément, ce lieu n'était pas accessible, il a enflammé l'imagination des voyageurs occidentaux. Jean-Baptiste Tavernier, marchand et fournisseur de pierres précieuses pour Louis XIV, consacra, en 1675 dans ses mémoires relatant ses voyages en Orient, un chapitre au « quartier des Femmes seulement pour entretenir le lecteur de l'impossibilité qu'il y a de le bien connaître, et de savoir exactement ni comme il est disposé, ni de quelle manière on s'y gouverne ». Selon l'infatigable voyageur, aucun monastère de filles dans toute la chrétienté ne pouvait prétendre à une entrée « plus défendue aux hommes ».

La réalité n'avait nullement la douceur du miel ainsi que le découvrit la jeune Ruthénienne.

Le lieu clos où vivaient environ trois cents femmes destinées au plaisir du sultan s'apparentait plutôt à une luxueuse prison, régie par des lois strictes et soumise à une hiérarchie immuable depuis deux cents ans. Au sommet de cette pyramide officiait la *Sultane Validé,* la propre mère du sultan régnant et seule à posséder un appartement particulier. Ensuite, venaient les femmes qui avaient réussi à attirer l'attention du sultan et à engendrer un enfant mâle. Ces favorites, généralement au nombre de quatre, étaient regroupées dans des pièces autour d'une cour commune. Parmi ces *Kadin,* la première à avoir conçu un fils deviendrait à son tour la *Sultane Validé* lorsque son enfant monterait sur le trône. Elle portait le titre de *Haseki Sultan* (la favorite) tandis que les autres se contentaient d'être des *odalisk* (d'où le terme d'odalisque). Elles cessaient d'avoir des relations sexuelles avec le sultan et dévouaient leur temps à élever leur progéniture jusqu'à ce que celle-ci atteigne l'âge de sept ans. Les princes étaient alors scolarisés à l'école du Palais. Les autres jeunes femmes étaient rassemblées dans des dortoirs, espérant obtenir les faveurs du maître et, surtout, réussir à les conserver afin de se hisser au statut de *Kadin.*

Les eunuques veillaient à la bonne marche du harem. Originaires pour la plupart d'Abyssinie, ces esclaves noirs étaient châtrés sur la route qui les conduisait à Constantinople par des spécialistes de l'émasculation[1].

Roxelane, à son entrée dans le harem, fut, à l'instar de toute nouvelle venue, éduquée dans les principes de

1. Une activité fort lucrative qui étouffait toute compassion chez ces pseudo-médecins. Elle consistait à pratiquer sur les hommes, très jeunes et en bonne santé, destinés au harem, une ablation du pénis et des testicules au plus près du ventre afin de garantir au sultan qu'il était bien le seul mâle à posséder ses concubines.

l'islam et les arts d'agréments (chant, danse, musique) afin de développer des talents susceptibles de distraire le sultan. Elle apprit le turc, mâtiné de persan et d'arabe utilisé dans le harem, et manifesta un goût prononcé pour l'étude. Vive et intelligente, elle eut certainement et très rapidement une excellente compréhension de l'avenir stérile qui l'attendait si elle ne forçait pas son destin.

En effet, recluses, sans ouverture sur le monde extérieur, les femmes du sérail impérial étaient réduites à s'étioler et à se dessécher, avec pour seules distractions les intrigues, les jalousies et les haines. Car l'unique public de leurs danses, chants ou saynètes de théâtre se limitait à leurs congénères, aux enfants du sultan et aux eunuques. Les vieilles femmes, qui avaient cessé de croire en une amélioration de leur statut en plaisant au souverain, trouvaient dans les jeunes recrues un dérivatif à l'ennui et à la frustration. Elles les fardaient, les habillaient, les éduquaient, les cajolaient, voire les séduisaient en les comblant de présents et nourrissaient les intrigues de leur propre ressentiment. Sans compter que la diversité des nations qui peuplaient le harem favorisait les alliances spontanées et les clans, rapprochant entre elles les femmes d'une culture et d'une langue communes. Le seul moment où un frisson d'excitation venait enfin troubler leur existence, hormis les visites du sultan venu choisir une concubine, était la succession du souverain. La Sultane Validé (et son personnel de prédilection) était remplacée par la mère du nouveau maître de l'Empire ottoman, et la donne entre les favorites, remise en question.

Or, le rapt de Roxelane et sa vente au sérail impérial coïncidèrent avec la mort de Sélim Ier et l'accession au trône de son fils, Süleyman Ier, en 1520. L'annonce du décès de son père surprit le jeune homme de vingt-cinq ans alors qu'il était en Asie, à Edirne, l'ancienne capitale de l'Empire ottoman. Il avait suivi le cursus habituel réservé aux princes : élevé au harem par sa mère, Hafsa Hatun, scolarisé ensuite à l'école du Palais de Topkapi et circoncis à onze ans, il occupa, dès l'âge de dix-sept ans, le poste de gouverneur dans différentes affectations au sein de l'Empire.

Süleyman était né sous une bonne étoile, car son père avait aplani l'obstacle majeur d'une succession en faisant de lui un fils unique, se chargeant lui-même d'assassiner ses demi-frères et lui évitant de commencer son règne par le meurtre. Sélim Ier dit le cruel savait le prix à payer pour monter sur le trône d'où il avait forcé son père à abdiquer. Il avait assuré sa position en éliminant huit frères et neveux qui le gênaient. Süleyman, ou Soliman pour les Européens, n'avait plus qu'à galoper à bride abattue vers Constantinople pour assister à la cérémonie des funérailles et prendre le pouvoir avant que les janissaires, sans maître pour les dompter, ne mettent la ville à sac.

Une particularité de l'Empire ottoman, outre celle d'assurer la descendance des sultans par des esclaves sexuelles, était de s'appuyer sur une forme de servitude, permettant l'accession à de hautes fonctions de l'État et l'appartenance à un corps militaire prestigieux, les janissaires. Le recrutement se faisait principalement par le biais d'un impôt humain, le *devchirmé,* obligeant une famille chrétienne sur quarante à fournir un fils âgé de dix à douze ans à l'Empire ottoman. À charge pour les trente-neuf familles ayant échappé à la « cueillette » (traduction du mot *devchirmé*) de financer le voyage de l'adolescent vers Constantinople où il était éduqué à l'apprentissage des armes. Les janissaires, bien que corps d'élite du sultan, étaient bel et bien des « esclaves de la Porte ». Parvenu à Constantinople, Süleyman s'empressa de leur verser la prime que ces étranges guerriers réclamaient avec insistance, « un don de joyeux avènement » inauguré par Mehmed II pour s'assurer de leur fidélité.

L'Europe surveillait avec attention son puissant voisin ottoman et la république de Venise, sous la plume de son ambassadeur, Bartolomeo Contarini, offre un portrait du « Grand Turc » quelques semaines après son accession au trône : « Il est grand mais mince, d'une complexion délicate. Son nez est un peu trop long, ses traits sont fins, son nez aquilin. Il a une ombre de moustache et une courte barbe. Son air est agréable, mais il est un peu pâle. »

Süleyman avait à ses côtés deux esclaves d'importance, un homme et une femme, en qui il avait toute confiance. Le premier, Pargali Ibrahim Pacha, connaissait le sultan depuis l'enfance. Grec orthodoxe, il avait été recruté selon le système du *devchirmé* et éduqué au Palais. Il avait gravi tous les échelons du pouvoir avant d'être nommé Grand Vizir en 1523 et d'épouser Hadice, une sœur de Süleyman. La seconde était la propre mère du sultan, Hafsa Hatun, d'origine mongole.

Les sultans, selon la coutume, ne se mariaient pas et leurs descendants étaient donc issus de leurs amours avec des concubines. Pas une de ces femmes n'était turque ou musulmane puisqu'il était interdit de réduire les croyants en esclavage. (La conversion obligatoire des concubines, ainsi d'ailleurs que pour tout infidèle, à l'islam après leur asservissement n'entraînait pas leur libération.) Le fils qu'elle réussissait à engendrer du sultan était l'unique chance d'un avenir meilleur, et aucune de ces mères ne ménageait sa peine pour protéger et soutenir leur enfant. Hafsa Hatun accompagna son fils lorsqu'il fut en âge d'être nommé gouverneur, et revint à Constantinople prendre sa place de Sultane Validé. Bien que cloîtrée dans le harem, elle était la seule à bien connaître le nouveau sultan et lui était étroitement liée.

Il y avait donc une carte à jouer pour Roxelane dans cette nouvelle distribution des rôles. Toutefois, le sultan était loin d'être la première personne sur qui exercer un quelconque pouvoir de séduction. Il est en effet difficile d'imaginer que Süleyman puisse brusquement remarquer une jeune femme parmi trois cents beautés si de bonnes âmes bien intentionnées ne la mettaient pas volontairement en valeur, à commencer certainement par la Sultane Validé elle-même.

L'arme dont usa Roxelane pour se faire ses alliés fut le rire.

La Ruthénienne devint au harem Hürrem, la rieuse. Tel fut le nom persan qu'on lui donna, agrafé sur le corsage afin que ses comparses puissent retenir sa nouvelle identité. Gaie, vive, enjouée, toujours de bonne humeur, elle attira le regard du sultan qui lui jeta le mouchoir, signe qu'il la désirait pour son plaisir. Elle réussit au-delà de ses espérances : non seulement elle lui donna un fils (né en 1521, qui décéda de cause naturelle en 1543), mais Süleyman tomba amoureux de Roxelane et, contrairement aux usages, continua à avoir des relations intimes avec elle.

Quelle femme était-elle donc pour ensorceler ainsi le sultan ?

Nous ne savons quasiment rien de son physique, puisque aucun peintre n'avait le droit de pénétrer dans le harem. L'ambassadeur vénitien Bragadino, qui se vantait d'être l'un des rares à l'avoir aperçue, rapporta qu'elle était assez petite de taille, gracieuse plutôt que belle. Mais la description la plus flatteuse (qui nous permet d'apprendre que Roxelane était brune et les yeux pleins de malice) vient assurément de l'homme qui l'aima et lui dédia nombre de ses poèmes. L'un d'entre eux qui la présente comme la plus belle parmi les belles mérite d'être cité, car outre les caractéristiques physiques que souligne Süleyman, signant sous le pseudonyme de Muhibbi (l'ami amant), il exprime l'intensité de ses sentiments à son égard[1].

> *« Le vent de mon jardin, mon sucre, mon trésor,*
> *Mon amour qui ne soucie de rien au monde,*
> *Toi, mon maître d'Égypte, mon Joseph, mon tout,*
> *La souveraine du royaume de mon cœur,*
> *Mon Stamboul, Karaman, mon Empire romain,*
> *Mes Badakhchan, Kipcak, Bagdad et Khorassan.*
> *Ô mon amour aux noirs cheveux, avec les arcs de tes sourcils, tes yeux langoureux et perfides,*
> *Si je meurs tu me tues, implacable infidèle. »*

1. Les vers riment dans la version originale.

Roxelane n'était pas en reste. Les lettres envoyées au sultan lors de ses campagnes guerrières témoignent de manière émouvante et passionnée l'angoisse et l'attente désespérée de son retour. On peut certes s'interroger sur la sincérité de cet amour. Elle n'avait pas librement consenti à cette relation et Süleyman Ier fut le seul homme que connut la Ruthénienne. Néanmoins, elle fut certainement éblouie par celui que les Occidentaux surnommaient à juste titre Soliman le Magnifique. Son règne symbolisa l'apogée de l'Empire ottoman dont il doubla la superficie, étendant sa domination, au cours des quarante-six années de son règne, de Belgrade et Rhodes aux côtes algéroises, conquérant le Moyen-Orient et imposant longtemps sa loi sur la Méditerranée. Lorsqu'il ne guerroyait pas, Süleyman Ier organisait l'Empire, réformant le système financier et la justice, ce qui lui valut le surnom parmi ses compatriotes de Soliman le législateur. Fin lettré, parlant couramment plusieurs langues, amateur d'art, encourageant les artistes, le souverain développa également l'architecture, commanditant palais et mosquées. Il professait une grande passion pour la poésie, incitant le talent des autres à s'épanouir, lançant, selon les spécialistes, l'âge d'or de la poésie ottomane. Ses propres compositions, inspirées par les événements intimes ou guerriers de son règne, reflétaient sentiments et humeurs changeantes qu'il se gardait de partager avec ses subordonnés. Certains de ses vers sont néanmoins passés dans le langage courant sous forme de proverbes, comme : « On prend l'or, le pouvoir pour le plus haut destin, mais avoir la santé est meilleur. »

Commandeur des Croyants, puissant chef militaire, politique et religieux, jouissant d'un poids financier considérable, tel était l'homme que craignait l'empereur Charles Quint, qui s'était rendu maître de l'Europe. Même le roi de France François Ier, vaincu à Pavie, n'allait pas hésiter à traiter avec Süleyman pour tenter de retrouver une place ravie par sa défaite devant les Habsbourg, et ce malgré le scandale d'une alliance avec l'Infidèle.

De ce monarque redoutable et redouté, Roxelane, elle, en avait fait « un sultan de l'amour » qui avouait dans l'un de ses poèmes, que si elle exigeait sa vie, il lui suffirait d'un regard pour percer son cœur...

Malheureusement, la naissance d'un fils ne lui accorda pas pour autant la place de Haseki Sultane, la favorite. Süleyman Ier n'avait pas attendu son accession au trône pour fréquenter les concubines et une Circassienne du nom de Mahidevran (appelée aussi Gülbahar) lui avait déjà donné un fils, Mustapha. La cohabitation entre les favorites du sultan se passait en général assez mal, mais la rupture de la tradition par Süleyman de s'interdire la couche d'une *Kadin* après la naissance d'un fils entraîna une véritable guerre entre les deux femmes. Roxelane menaçait la position de la Circassienne. Les ambassadeurs en poste à l'époque, à l'affût des bruits de couloirs les éclairant sur les dissensions et intrigues susceptibles de faire pencher la balance d'un côté ou d'un autre, rapportèrent qu'une dispute dégénéra en bagarre. Roxelane se réfugia dans les pièces qui lui étaient réservées, refusant de paraître devant le sultan, se déclarant défigurée par les griffes de cette furie qui l'avait traitée de « viande souillée ». Bouleversé, Süleyman se résolut à bannir Mahidevran en l'expédiant avec son fils en Magnésie, prétextant que ce dernier était en âge de servir l'Empire. Le départ forcé ne trompa personne à Topkapi et montrait l'influence de Roxelane.

Ambitieuse, rusée et probablement bien conseillée, la Ruthénienne ne s'arrêta pas à cette victoire, pourtant déjà éclatante. Elle étudiait patiemment la loi coranique, obtenant de converser avec des docteurs de la foi, dissimulée derrière des tentures. Elle utilisait l'argent, les bijoux et les fourrures que lui offrait le sultan pour des actes de piété qui ne lui apportaient aucun bienfait selon l'islam en raison de sa condition servile. Elle s'en plaignit amèrement au sultan, arguant qu'aucune de ses œuvres ne pouvait être agréable aux yeux d'Allah tant qu'elle serait esclave. Süleyman résista à peine quelques jours à cette demande inhabituelle pour une Haseki Sultan. Éperdument amoureux d'une femme qui savait lui offrir bien plus qu'une simple jouissance physique, il lui accorda d'être affranchie.

Seulement la belle, une fois femme libre, refusa de partager son lit ! Il était en effet interdit pour un musulman d'avoir des relations avec une musulmane hors mariage. Main sur le cœur, Roxelane jura qu'elle ne pouvait se soumettre à Süleyman sans offenser grandement sa religion…

Vaincu, le sultan épousa sa concubine en 1534.

Les chroniqueurs ottomans préférèrent, dans l'ensemble, demeurer discrets sur cet acte impensable au regard des usages turcs, mais l'élévation d'une esclave à une position de femme mariée marqua durablement les esprits occidentaux qui relatèrent à leurs compatriotes « un événement très extraordinaire [...] absolument sans précédent dans l'histoire des sultans ». Qui plus est, notait un ambassadeur médusé, Roxelane l'avait rendu monogame, Süleyman cessant toutes relations avec d'autres concubines. La jeune Ruthénienne entrait dans l'Histoire.

Samuel Twardowski, voyageur et poète polonais, figure parmi les premiers historiens à s'être penché sur son véritable état civil. En mission dans l'Empire ottoman, en 1622, il en profita pour enquêter sur les origines de Roxelane et la fit naître, selon ses recherches, approximativement en 1503, à Rohatyn, une ville ukrainienne près de Lvov, située à l'époque en Pologne, d'un père prêtre orthodoxe. Plus tard, au XIXe siècle, le folklore ukrainien s'appropriera définitivement la paternité de la jeune captive, la baptisant Alexandra Lisowska et la transformant en une héroïne nationale.

À la fin du XVIIe siècle, l'écrivain français Bernard Le Bouyer de Fontenelle prêtera à la jeune femme des propos imaginaires sur l'art de se faire épouser, reflétant ainsi que son influence sur le Grand Turc sidéra durablement l'Europe entière qui scrutait, avec inquiétude, les faits et gestes de Süleyman Ier. Dans un ouvrage[1] où l'auteur fera dialoguer des personnages disparus et célèbres, la Ruthénienne expliquera à Agnès Sorel, favorite du roi de France Charles VII, que « les hommes

1. *Dialogue avec les morts*, 1683.

ont beau faire, quand on les prend par les passions, on les mène où l'on veut. [...] Qu'on me donne l'homme du monde le plus impérieux, je ferai de lui tout ce qui me plaira, pourvu que j'aie beaucoup d'esprit, assez de beauté et peu d'amour ».

Ce mariage eut pour conséquence de mettre fin à l'usage pour la mère de suivre son fils lorsqu'il était en âge d'assurer un poste de gouverneur au sein de l'Empire ottoman. Roxelane mit au monde quatre autres enfants, trois garçons et une fille, dont elle décida d'assurer l'avenir. Pour cela, il fallait écarter de sa route ceux qui portaient ombrage à son pouvoir occulte. Elle n'avait officiellement aucun droit d'ingérence politique, mais elle savait écouter et conseiller le sultan. Les nombreuses lettres qu'elle expédiait à ses fils en poste dans l'Empire, à son mari Süleyman Ier, à ses espions et les relations épistolaires qu'elles entretenaient avec des diplomates occidentaux indiquaient une soif de pouvoir que sa condition féminine ne pouvait satisfaire. Le premier pion à abattre sur son échiquier politique personnel était Ibrahim Pacha, le Grand Vizir, ami de jeunesse de Süleyman, rival dans l'influence qu'elle pouvait exercer sur le souverain.

Sa belle-mère, la Sultane Validé, protectrice d'Ibrahim Pacha, venait de mourir. Roxelane distilla alors un venin subtil dans l'esprit de Süleyman, suggérant que le Grand Vizir n'avait pas renoncé à la religion de son enfance. Un Grec orthodoxe au plus haut poste d'un Empire dont l'islam est intrinsèquement lié aux institutions politiques ? Lui, le sultan, ombre de Dieu sur la

Terre, détenant tous les signes du pouvoir religieux, à savoir le califat, les reliques du Prophète et l'étendard à brandir pour déclencher le djihad, s'acoquinerait avec un chrétien pour gouverner ? Le doute ébranla Süleyman, d'autant plus que l'ascension phénoménale d'Ibrahim Pacha lui avait valu nombre d'ennemis qui ne manquaient pas de souligner l'arrogance croissante du Grand Vizir, s'accaparant des titres auxquels seul le sultan pouvait prétendre.

Les insinuations de la jeune femme récemment épousée pesèrent lourd dans une balance qui ne penchait plus en faveur du Grand Vizir, empêtré dans son péché d'orgueil. Le 15 mars 1536, son corps sans vie fut découvert dans le palais de Topkapi.

Son poste ne resta pas vacant très longtemps. Roxelane avait marié son unique fille à Rüstem Pacha qui le remplaça peu après.

En 1541, Roxelane mit à profit l'incendie qui ravagea le vieux palais pour se rapprocher du pouvoir et convaincre Süleyman d'installer le harem impérial dans l'enceinte de Topkapi (inaugurant ainsi le sultanat des femmes, au sein duquel, jusqu'en 1656, les femmes du harem exercèrent une influence politique).

Il lui restait à présent à éliminer le prétendant au trône, le prince Mustapha, fils de Mahidevran. L'usage prévoyait que le premier-né mâle du sultan succédait à son père, mais la règle de la primogéniture n'était pas clairement établie en droit. Dans les faits, celui qui réussissait le premier à se faire proclamer par les janissaires assassinait les concurrents et montait sur le trône. Pour mener à bien son entreprise de déstabilisation, Roxelane s'appuya sur son beau-fils, Rüstem Pacha, afin de corroborer les calomnies qu'elle répandit sur le prince. Il serait jeune, fier, ambitieux, vaillant, aimé des soldats et rêverait d'usurper la place d'un Süleyman vieillissant.

Le sultan fut difficile à convaincre. Le prince Mustapha recueillait depuis longtemps l'assentiment de son entourage qui devinait en lui les qualités d'un futur grand souverain. Et pourtant, en 1553, il fut exécuté. Bien qu'averti du danger, le prince Mustapha se rendit à la convocation de son père, persuadé qu'il saurait faire valoir son innocence. Le comité d'accueil fut sinistre. Cinq exécuteurs, dont on avait coupé la langue et percé les tympans afin de ne divulguer aucun secret, se chargèrent de l'étrangler avec une cordelette de soie, tandis que Süleyman, dissimulé, assistait au meurtre.

Les poèmes du Grand Turc évoquent la tristesse et le profond désarroi où le plongea l'assassinat qu'il avait lui-même ordonné. Il ne s'en rapprocha que plus de Roxelane, seul soutien dans ces heures difficiles, elle dont les remords devaient toutefois être limités. Après tout, avec la mort de Mustapha, elle sauvait la vie de ses enfants, évitant les fratricides qui ensanglantaient les successions. Mais Süleyman, pâle et triste, qui naguère vivait dans l'opulence et ne dédaignait pas le bon vin, sombrait à présent dans un ascétisme qui s'amplifiera avec les années, allant jusqu'à remplacer l'argenterie par de simples plats en terre.

Roxelane poursuivait les actes de piété dont elle avait témoigné à l'époque où elle était concubine. Elle fit construire une mosquée, deux écoles coraniques et une fontaine. Ériger une fontaine était en effet un acte pieux car « de l'eau vient toute chose », dit le Coran. Elles étaient souvent monumentales et indiquaient clairement le nom du précieux donateur.

Roxelane finança également une soupe populaire et un hôpital pour femmes, situé près du marché aux esclaves. Il semblerait, par ailleurs, que la Ruthénienne n'avait pas oublié son ancienne condition car elle entretint une correspondance avec le roi de Pologne, dans le but peut-être de réglementer le trafic des esclaves organisé par les Tatars de Crimée.

Ces bonnes actions n'empêchèrent pas la population de l'affubler d'un nom peu flatteur, ainsi que le rapporta Luigi Bassano[1], un Vénitien né à Zara, contemporain de Roxelane : « Süleyman l'aima d'un amour qui émerveilla tant ses sujets qu'ils disaient qu'elle l'avait ensorcelé et pour cela l'appelait Ziadi, qui veut dire sorcière. »

Le 18 avril 1558, Roxelane décéda d'une pleurésie. L'Histoire a souvent retenu contre elle son esprit d'intrigue, la taxant de cruelle et déplorant une influence pernicieuse sur la politique de l'Empire, dont le déclin s'amorça lentement après le décès du sultan. Il serait injuste de blâmer pour toutes les erreurs de Süleyman

1. Bassano séjourna à Constantinople, peut-être comme page au palais Topkapi, entre les années 1532 à 1541 et consigna, dans un ouvrage publié en 1545 *I costumi particolari de la vita de Turchi descritti da M. Luigi Bassano da Zara*, une description de la vie des Ottomans.

une ancienne esclave de la Sublime Porte, dont le véritable pouvoir a été de réduire, à son tour, un homme en servitude !

Süleyman Ier, qui lui survécut huit ans, l'enterra dans un mausolée, rendant hommage à la nature espiègle et souriante qui lui avait chaviré le cœur.

Une amoureuse empoisonnante

Olympe Mancini

Autrefois, vivait à la cour de la régente Anne d'Autriche un homme terriblement influent, de souche italienne. La reine lui accordait toute sa confiance – et bien plus encore depuis la mort de son époux Louis XIII, murmuraient les médisants. La famille de ce « surintendant au gouvernement et à la conduite du jeune roi Louis XIV » (tel était son titre) était restée au pays. Il avait sept nièces, par ses deux sœurs, qu'il décida de faire venir à Paris, non par sens du devoir familial, mais parce qu'il espérait les utiliser, par le jeu des alliances matrimoniales, pour ses propres intérêts et ceux de la France. Le nom de ce ministre et cardinal, Giulio Mazarini, avait été francisé en Jules Mazarin. Ses ennemis, fort nombreux, baptisèrent, par dérision, « Mazarinettes » ses sept nièces.

Trois furent pieuses, charitables, épouses fidèles et dévouées. Les autres, heureusement pour nous, furent turbulentes, immorales et scandaleuses. Car, avouons-le, le vice est plus amusant à raconter que la vertu. Hortense, Marianne et Marie défrayèrent la chronique mais à choisir, attachons nos pas à ceux de leur sœur Olympe Mancini, qui eut la gloire de faire battre la première le cœur du jeune roi Louis XIV.

Olympe faisait partie du premier convoi de Mazarinettes acheminé en France en septembre 1647. Elle était accompagnée de sa sœur aînée Laure Vittoria Mancini et de sa cousine Anne Marie Mantozzi. L'impression laissée par les fillettes à leur arrivée au Palais-Royal où résidaient leur oncle, la régente et le jeune Louis, fut consignée par Mme de Motteville qui était au service de la reine. Elle décrivit Olympe, qui n'avait que neuf ans à l'époque, comme brune avec un visage long et pointu, des yeux petits mais vifs et l'espérance « que l'âge de quinze lui donnerait quelque agrément ».

Anne d'Autriche accueillait volontiers ces nièces pour jouer avec ses propres enfants. Louis avait l'âge d'Olympe dont l'esprit vif et malicieux était propre à le dérider. Les deux enfants furent élevés ensemble hormis la période troublée de la Fronde, lorsque la noblesse se révolta contre la toute-puissance monarchique. Olympe et les deux autres nièces de Mazarin suivirent le cardinal en exil. Une première fois à Brühl près de Cologne, et une seconde fois à Bouillon, près de Sedan. Dans les pamphlets qui vilipendaient le ministre de la reine, les Mazarinettes n'étaient pas épargnées. Elles étaient traitées de singes, d'être « plus méchantes que les Goths », d'avoir des yeux de hibou et des sourcils de damnés. Paolo Mancini, le frère d'Olympe et Laure Vittoria, périt dans la tourmente, car outre ses nièces, le cardinal fera venir successivement en France ses neveux, espérant transmettre son nom au plus valeureux d'entre eux.

Le 21 octobre 1652, le jeune roi fut accueilli triomphalement à Paris et réclama le retour du cardinal. Il vint en personne à sa rencontre et à celle de ses nièces. Le 3 février 1653, Mazarin entra dans Paris dans le carrosse royal, tandis que les Mazarinettes suivaient, installées dans celui de la princesse de Savoie-Carignan. Tout ce petit monde prit ses quartiers au Louvre, le cardinal dans un appartement juste au-dessus de celui de la régente, car plus personne ne souhaitait revenir au Palais-Royal. Dans la foulée, Mazarin maria l'une de ses nièces et obligea ses sœurs à lui expédier un autre lot de Mazarinettes : Hortense et Marie Mancini, ainsi que Laure Mantozzi. Pour remplacer Paolo Mancini décédé, on envoya également son frère Filippo qui francisera son prénom en Philippe.

En 1654, Olympe avait alors quinze ans et Louis, sacré roi le 7 juin de la même année, seize. Il n'était pas insensible à « la taille des plus avantageuses et au noble port » d'Olympe. Elle avait une chevelure superbe et dense, un teint de lait et une vivacité qui plaisait grandement à Louis. La Cour remarqua bien évidemment l'attachement du jeune roi pour la belle. Mme de Motteville prétendait même que les bals, divertissements et plaisirs n'étaient organisés que dans le seul but d'être agréable à la donzelle. L'extravagante reine Christine de Suède, qui, après son abdication, obtint de voyager en France en 1656, s'empressa, avec le franc-parler qui la caractérisait, de claironner devant les intéressés : « Ce serait fort mal de ne point marier au plus vite deux jeunes gens qui se conviennent si bien. » Le poète et contemporain Jean Loret, en quelques vers[1], résuma la situation :

> *« Cette Olympe au divin esprit,*
> *Et dont, sur le cœur des monarques*
> *Son pouvoir peut graver ses marques. »*

S'aimer d'amour tendre à quinze ans était une chose, épouser un roi en était une autre et Anne d'Autriche, tout en tolérant les émois du cœur de son fils, ne l'entendait pas ainsi. De toute façon, la situation ne pouvait s'éterniser. Louis avait été promptement déniaisé l'année de son sacre par une femme d'âge mûr, ainsi que l'usage le recommandait. Pour ce faire, Anne d'Autriche lui avait dépêché une dame de sa suite, de vingt-quatre ans l'aînée du jeune homme et de surcroît borgne et laide ! Mais Cathau la borgnesse, baronne de Beauvais, dut parfaitement remplir son office, car, une fois initié aux charmes féminins, Louis XIV, en digne petit-fils du Vert Galant, piaffait d'impatience d'y succomber à nouveau. Or Olympe, bien que jalouse de le voir se divertir dans d'autres bras, s'accrochait à sa vertu, sachant bien qu'elle était sa seule assurance pour convoler selon son rang, à défaut de monter sur le trône. De surcroît, une rivale venait d'entrer en lice pour lui ravir le cœur du roi et

1. Extrait d'une des lettres en vers que débuta Jean Loret en 1650, sous la Fronde, et qui ne s'acheva qu'avec sa mort en 1665, et réunies dans un recueil sous le nom de *La Muse historique*.

affaiblir sa position : sa propre sœur Marie, l'affreux petit pruneau mal dégrossi et mouton noir de la famille, en raison d'une superstition familiale prophétisant qu'elle serait la cause de grands maux pour les Mazarin. Ballottée de couvent en couvent, elle y avait appris le latin, le grec, et y avait gagné une culture qui éblouissait le roi. Pour le séduire, elle n'avait que deux atouts : une dentition parfaite, ce qui était loin d'être évident au XVIIe siècle, et une voix envoûtante. Ce fut suffisant.

Pendant que Louis XIV tombait amoureux de sa sœur, Olympe, qui avait compris que leur amourette était sans issue, se maria le 21 février 1657 avec Eugène-Maurice de Savoie, le fils de la princesse qui, après les troubles de la Fronde, avait ramené les Mazarinettes dans son carrosse. Devenue comtesse de Soissons, elle emménagea dans un hôtel[1] où, « maîtresse de la Cour, des fêtes et des grâces », elle y recevait le roi, venu se divertir. Avec elle, il riait, s'amusait et jouait aux cartes ; Olympe n'étant pas en reste pour miser de grosses sommes. Elle commettra cependant un faux pas en montrant une certaine indifférence lorsque le jeune roi tomba malade. À sa décharge, elle était enceinte et détestait jouer les gardes-malades. Ce faux pas, Marie le mit aussitôt à profit pour se rapprocher de Louis. En 1659, le penchant du roi pour sa sœur était tellement visible qu'Olympe, délaissée par Louis XIV, en prit ombrage et garda rancune à la jeune femme. Elle s'estimait seule dépositaire d'une intimité

1. Aujourd'hui démoli. Sur le terrain a été érigée en 1899 la Bourse du commerce.

née de leur enfance et travailla à servir les desseins de son oncle, s'ils pouvaient contrecarrer ceux de sa sœur.

Car, cette même année, le roi demanda la main de Marie Mancini. Anne d'Autriche fut horrifiée et Mazarin, qui intriguait pour lui faire épouser l'infante d'Espagne, se hâta d'éloigner sa nièce de la Cour. Lors des adieux, l'orgueilleuse jeune femme avait jeté à Louis la phrase mémorable : « Vous êtes roi ! Vous pleurez, et je pars ! » qui inspirera les tragédiens Corneille et Racine. Mais qui signifiait surtout à un souverain qu'il se comportait en petit garçon asservi par sa mère et son oncle. En attendant de la caser avec un beau parti, il fallait empêcher toute folie de la part de Louis avant son mariage avec Marie-Thérèse. Mazarin fit appel à Olympe. En échange d'une partie de l'apanage de sa belle-mère, la princesse de Savoie-Carignan, et d'une somme allouée par Anne d'Autriche, elle fut priée de faire revenir Louis à de meilleurs sentiments. On ne sait si elle lui ouvrit son lit, mais on sait en revanche qu'elle lui ouvrit sa table de jeu et l'amoureux reprit commerce avec Mme de Soissons. Marie refusant le rôle de favorite, la rupture fut consommée en 1660 lorsque Louis XIV s'unit à l'infante d'Espagne.

Marie mariée en Italie, Olympe renoua avec le roi des relations tendrement amicales, sa position étant assurée au sein de la Cour grâce à son poste très envié de surintendante de la reine. Ses rapports avec Anne d'Autriche s'étaient détériorés. La dévotion de la régente la fatiguait, elle qui n'avait point de religion. Son oncle était mort en 1661, mettant fin avec son décès à l'emprise exercée sur ses nièces. Son mari, Eugène-Maurice, se révélait « assez brave homme » et peu regardant sur la paternité de leurs huit enfants, sauf peut-être sur le futur prince Eugène. C'était pourtant du premier-né au sujet duquel il aurait pu s'étonner, sa femme ayant accouché après six mois de grossesse seulement... Olympe, le mariage garanti, avait-elle finalement cédé au roi ?

En tout cas, l'attitude débonnaire de son époux convenait parfaitement à Olympe car elle venait de s'éprendre follement du sublissime René-François de Bec-Crespin, marquis de Vardes. Pour lui, elle se serait damnée et comme elle en avait la disposition, elle y parvint. À quarante ans sonnés, ce séducteur effréné, cynique, impie aurait inspiré le *Dom Juan* de Molière. Mais le personnage de la pièce aurait tout aussi bien pu correspondre au comte de Guiche, autre libertin, amant de Madame, Henriette d'Angleterre, belle-sœur du roi. Ce quatuor fut réuni par l'amour de l'intrigue et la jalousie.

Ils fulminaient : Louis XIV s'était en effet amouraché d'une sotte provinciale et cette Tourangelle, discrète, ravissante, aimant en lui l'homme plutôt que le monarque, refusait d'intercéder pour quiconque. Le plus horripilant dans l'aventure était que cette Louise de la Vallière n'avait été mise dans les pattes de Louis que pour détourner les soupçons de Monsieur, le frère du roi, tandis que le roi courtisait Henriette !

Le marquis de Vardes rédigea une lettre que le comte de Guiche traduisit en espagnol à l'intention de la reine Marie-Thérèse, afin d'être certains qu'elle en comprit la teneur, à savoir son infortune. Malheureusement pour les comploteurs, la lettre ne fut point remise à sa destinataire et Louis, qui en eut connaissance, fut mortifié que des proches puissent le trahir auprès de sa femme légitime. Il rechercha les coupables, confiant cette délicate mission à un homme de confiance... le marquis de Vardes, qui s'empressa de détourner les soupçons sur la duchesse de Navaille, dame d'honneur de la reine.

Mais Olympe ne s'avouait pas vaincue. Elle envisagea de déloger Louise de la Vallière de la couche royale en aiguisant la passion du roi pour une autre jeunette, désignée par ses soins. La belle était appétissante et Louis XIV tenté. Mettant toutes les chances de leur côté, la comtesse de Soissons et son amant écrivaient les lettres à sa place afin qu'elles eussent plus d'esprit. Olympe se chargeait ensuite de les porter discrètement au roi. Par malchance, Anne d'Autriche s'aperçut des manigances de la comtesse de Soissons qu'elle divulgua avec plaisir à son fils. Louis XIV passa l'éponge, mais fut moins clément lorsqu'il apprit quelque temps plus tard qu'Olympe et son amant étaient les auteurs de la fameuse lettre espagnole.

Ils avaient été dénoncés par Henriette d'Angleterre.

Madame avait été outragée par une pique publique du beau marquis de Vardes, dépité de n'avoir pu remplacer le comte de Guiche dans son lit. Elle s'en vengea en allant confesser au roi son implication dans l'affaire de la lettre espagnole et le nom de ses complices. Olympe, en guerre ouverte avec sa rivale, n'eut pas le dessus et le roi la renvoya dans sa province de Champagne, en 1665, accompagnée de son pauvre mari qui n'était pour rien dans toutes ces tracasseries. Louis XIV lui annonça qu'il la traiterait désormais selon son rang, mais sans la confiance qu'il lui avait maintenue jusqu'alors.

Avant de quitter la capitale, Olympe, en mars de cette année-là, rendit probablement une dernière visite à Catherine Deshayes, dite La Voisin, dans cette petite maison de la rue Beauregard, à côté de l'église Notre-Dame-de-Bonne-Nouvelle, aux portes de Paris[1]. La nièce de Mazarin ne différait pas des autres dames de qualité qui venaient chercher auprès de cette petite femme vulgaire et replète l'aide que leur refusait la nature : poudre de succession (arsenic) pour hâter le trépas d'un mari ou d'un parent encombrant, philtre d'amour (dont l'écœurante composition mélangeait rognures d'ongles, sperme, sang menstruel et bave de crapaud), onguent pour faire pousser les seins… Quant à la fille de La Voisin, elle prêtait obligeamment assistance pour débarrasser les dames de fruits indésirables dont le jardin devenait la tombe…

Catherine Deshayes était aussi pythonisse. Olympe, accompagnée de deux dames de la noblesse, demanda à la sorcière de lui prédire son avenir. Cette dernière, reconnaissant sa cliente, eut beau jeu de lui dire qu'elle avait été aimée d'un grand prince, mais sans espoir d'un retour de cette affection. Olympe aurait alors déclaré : « Il faut que cela revienne. » En cas d'échec d'un retour de flamme du roi, elle était prête à y mettre le terrible prix d'une vengeance qui ne se limiterait pas à la seule Louise de la Vallière, mais pourrait toucher « plus loin ». Elle aurait

1. La rue Beauregard, située dans le 2e arrondissement de Paris, existe toujours.

ainsi exprimé à La Voisin son intention de se défaire « de l'un ou de l'autre, de l'un et de l'autre ». Le nom du roi ne fut pas prononcé. La simple supposition qu'il s'agissait du souverain consistait déjà en soi un crime de lèse-majesté.

Mais en attendant de mettre en œuvre ses noirs desseins, Olympe partit en Champagne, au désespoir d'abandonner son amant qui, durement frappé par le courroux royal, fut emprisonné deux ans dans la citadelle de Montpellier avant d'être contraint de vivre à Aigues-Mortes, avec interdiction de reparaître à la Cour.

L'exil de la belle Olympe fut de courte durée. En 1666 elle était de retour à Paris, menant une vie à peine moins tapageuse dans son hôtel de Soissons. Moins présente certes à la Cour, elle brillait au centre d'un cercle d'amis, concurrençant le salon plus littéraire formé par sa plus jeune sœur Marianne. La benjamine, duchesse de Bouillon, avait adopté, pour protéger le poète, Jean de La Fontaine et séduit son neveu, Philippe de Vendôme (fils de Laure Vittoria Mancini). À l'instar d'Olympe, elle avait recours aux bons offices de La Voisin pour lui garder l'affection de son amant, butineur et débauché.

Olympe se résigna à remplacer le marquis de Vardes. L'heureux élu fut François de Neufville, marquis de Villeroy et futur maréchal-duc de Villeroy, de six ans son cadet. Séducteur patenté, brillant seigneur, il avait été surnommé « Le charmant » par Mme de Sévigné, fameuse épistolière qui racontait par le menu les faits et gestes de la Cour à sa fille. Il ne fut pas le seul à partager le lit d'Olympe, mais du moins, il y restait tandis que les autres n'étaient que de passage.

Pendant ce temps, l'aura de Louise de la Vallière avait pâli au profit d'une favorite beaucoup plus difficile à mater : Athénaïs de Montespan. Philippe de Nevers, le frère d'Olympe, ne s'y trompa pas et épousa la nièce de l'étoile montante.

En juin 1673, le brave mari, Eugène-Maurice de Savoie-Carignan, trépassa. Il allait rejoindre Turenne avec ses troupes lorsqu'il mourut subitement en Westphalie. La belle Olympe devenait veuve à trente-six ans et les mauvaises langues chuchotaient que ses fréquentations avec La Voisin n'étaient pas étrangères au trépas du mari, d'autant plus que l'hôtel de Soissons abritait des séances d'astrologie et de magie. En cela, Olympe suivait la tradition familiale, versée dans les arts occultes. La favorite du roi, Mme de Montespan, attisait ces vilaines rumeurs, car elle convoitait la charge de surintendante de la reine qui lui accorderait un statut officiel. Mais Olympe ne fut point inquiétée. À la place, tous les regards convergèrent vers la marquise de Brinvilliers qu'avait fait arrêter Louvois.

Bien que le marquis François-Michel Le Tellier, au secrétariat de la guerre et conseiller de Louis XIV, fût apparenté à la jeune femme accusée d'avoir abusé de la poudre de succession, il la livra à la justice. Louvois était ambitieux et intransigeant, les témoignages sans appel et l'empoisonneuse fut décapitée en 1676 pour ses crimes.

L'exécution ne mit pas pour autant un terme aux suspicions sur les relations coupables que la meilleure noblesse entretenait avec des sorciers, des devins et des avorteuses. L'affaire des poisons venait en fait de commencer. La marquise de Brinvilliers n'avait-elle pas déclaré, en référence à ces pratiques dangereuses et blasphématoires : « La moitié des gens de condition en sont, et je les perdrais si je voulais parler » ? Le lieutenant de police La Reynie poursuivit patiemment son enquête pour démêler l'écheveau diabolique du trafic de poisons et philtres divers. Les arrestations auxquelles il procéda dans les années suivantes (trois cent quatre-vingt-dix au total) firent frémir d'horreur Olympe. L'étau se resserrait autour de la comtesse et de ses coupables relations.

Le 16 mars 1679, Catherine Deshayes dite La Voisin fut arrêtée.

En avril, la comtesse de Soissons abandonna, sur ordre, sa charge de surintendante de la reine au profit de Mme de Montespan qui reçut en outre le titre de duchesse. Les courtisans commentaient les faveurs dévolues à la favorite comme signe d'un cadeau de rupture. Personne ne s'étonna outre mesure de la résignation d'Olympe à être dépossédée de sa charge. La comtesse était pourtant une grande habituée des esclandres lorsqu'il s'agissait de défendre ses intérêts. Craignait-elle des révélations déplaisantes de La Voisin lors de ses interrogatoires et préférait-elle garder profil bas ?

Effectivement, la sorcière livra certains noms, entre 1679 et 1680, qui affolèrent La Reynie. Louvois se chargea avec plaisir d'en informer progressivement le roi. Il avait compris le parti qu'il pouvait tirer de l'affaire et éliminer au passage le ministre Colbert, un fidèle de la Montespan.

Pour accéder aux plus hautes fonctions de l'État, Louvois employait la même méthode qui lui convenait si bien dans les choses de la guerre. Rude de caractère, abrupt et autoritaire, le marquis conduisait ses affaires avec la même brutalité qu'il faisait capituler les forteresses. Y compris les bastions féminins qui lui résistaient. L'historien Louis André rapporta dans ses études sur le personnage que, dans sa jeunesse, Louvois était « vif, brutal, emporté et ne se modérant en rien ». L'âge ne l'avait pas assagi, mais il avait perfectionné ses méthodes, abusant de son pouvoir pour orienter les aveux. Colbert tenta de s'interposer, mais deux noms parmi les clients des magiciens retinrent l'attention de Louis XIV : Olympe Mancini et Athénaïs de Montespan.

En janvier 1680, La Voisin, qui sera brûlée vive en place de Grève le mois suivant, s'était rétractée, sauf en ce qui concernait Olympe et sa sœur Marianne. Faut-il y voir l'influence de Louvois que la comtesse de Soissons considérait comme « son ennemi mortel », arguant qu'il lui tenait rancune d'avoir refusé ses avances et, plus tard, de ne pas lui avoir accordé la main d'une de ses filles pour son fils ?

La comtesse de Soissons échappa néanmoins aux griffes de Louvois. Le roi, en raison peut-être des tendres souvenirs d'enfance liés à sa « première inclinaison », la fit prévenir de l'imminence de son arrestation par son beau-frère, le duc de Bouillon, époux de Marianne. Le mercredi 24 janvier, le duc de Bouillon fit irruption à l'hôtel de

Soissons où Olympe jouait à la bassette[1] avec la marquise d'Alluye. La première était accusée d'avoir empoisonné son mari, la seconde, son beau-frère. Entre la Bastille et la fuite, la comtesse ne tergiversa point. Connaissant la hargne de Louvois à son égard, elle « aimait mieux la clef des champs », dira-t-elle, se réservant de se justifier par la suite. Elle fit en grande hâte ses paquets, emporta pistoles et pierreries, fit atteler huit chevaux au carrosse et, à trois heures du matin, quitta Paris pour Namur.

Louvois lança la cavalerie à sa poursuite, mais le carrosse d'Olympe fut plus rapide. Le mémorialiste François-Timoléon, abbé de Choisy, rapporta[2] que « le marquis la poursuivit jusque dans les enfers. Dans toutes les villes et dans les villages où elle passa, on refusa de la recevoir dans les grandes hôtelleries ; il fallut souvent coucher sur la paille, et souffrir les insultes d'un peuple insolent qui l'appelait sorcière et empoisonneuse ». Et si le dit peuple ne mettait pas assez d'ardeur à conspuer la comtesse, Louvois entretenait sa colère en faisant distribuer de l'argent à des gueux pour « leur faire chanter des injures ».

La vindicte de Louvois finit par s'apaiser. Le Roi-Soleil lui avait peut-être ordonné d'y mettre fin. Olympe respira enfin. Puisqu'elle avait eu le soin de quitter Paris les poches pleines, elle put vivre à Bruxelles dans l'aisance, recevant ses amants français, le maréchal de Villeroy en tête, qui enfreignaient les interdictions de

1. Jeu de carte de hasard.

2. Dans ses *Mémoires pour servir l'histoire de Louis XIV*, publiés en 1727.

Louvois. À quarante-deux ans, un âge avancé dans la galanterie à cette époque, la comtesse de Soissons savait encore séduire. Olympe, malgré tous ses défauts, « était capable de plaire. Son esprit n'avait rien d'extraordinaire, ni de fort poli ; mais il était naturel et agréable avec les personnes qu'elle connaissait », disait d'elle une contemporaine. Le nouveau poisson ferré, s'il n'était pas beau, était fort riche. Sa liaison avec Alexandre Farnèse, prince de Parme, gouverneur des Pays-Bas de 1680 à 1682, lui offrit six années d'une existence tranquille où elle tenait sa petite cour.

Cependant Olympe, imbue de son rang, regrettait la déchéance à laquelle l'affaire des poisons l'avait conduite. Elle céda à la proposition alléchante de l'ambassadeur d'Espagne de tenter sa chance à la cour de Charles II et d'y briguer le titre prestigieux de *camarera mayor* de la jeune reine, fille d'une de ses amies d'enfance. Partie à Madrid au printemps 1686, elle en revint précipitamment en 1689. Elle semblait pourtant s'y plaire, recevant beaucoup et prenant un nouvel amant. Mais la jeune reine vint à mourir brutalement, après trois jours de coliques et de vomissement. Sa réputation d'empoisonneuse, que nul n'avait oubliée, suffit à décider la comtesse de ne pas attendre qu'on l'accusât d'un quelconque rôle dans l'agonie de l'épouse de Charles II.

Elle se fixa à Bruxelles.

Olympe avait eu huit enfants. Deux seulement l'avaient accompagnée en exil. L'aîné Louis-Thomas, comte de Soissons, et Eugène-François de Savoie-Carignan, cinquième de la fratrie, restés en France, avaient eu l'intention d'embrasser la carrière militaire. Mais Louvois, tenace dans ses inimitiés, se vengea sur les enfants à défaut d'atteindre la mère, et leur refusa de servir dans l'armée française. Ils s'engagèrent alors en Autriche, au service de la monarchie des Habsbourg. Le comte de Soissons mourut quelques années plus tard, mais le cinquième enfant d'Olympe, que l'on n'appelait plus que le prince Eugène, connut une carrière militaire époustouflante, grand vainqueur des Ottomans et infligeant des défaites humiliantes à l'armée de Louis XIV ! En 1702, lors de la guerre de succession d'Espagne, il captura à Crémone le commandant des troupes françaises qui n'était autre que le maréchal de Villeroy, ancien amant de cœur de sa mère. Ce revers déshonorant ôta définitivement la crédibilité militaire du « charmant », déjà bien écornée par d'autres échecs.

Quant au prince Eugène[1], il y gagna une réputation européenne et servit trois empereurs.

Le prince Eugène fut l'un des derniers visiteurs que reçut la comtesse de Soissons, sagement retirée à Bruxelles, en juillet 1708. Trois mois plus tard, à l'âge de soixante-dix ans, Olympe n'était plus de ce monde.

1. Le prince Eugène, que Napoléon 1er considérait comme l'un des sept plus grands commandants de l'histoire, fit construire à Vienne le palais du Belvédère, aujourd'hui musée, qui accueillit en 1955 les signataires du traité international restituant à l'Autriche sa pleine souveraineté, dix ans après la fin de la seconde guerre mondiale.

Malgré l'étiquette stricte qui régissait la Cour et les alliances entre la France et la maison de Savoie, Louis XIV et ses courtisans ne prirent pas le deuil à la mort de la comtesse de Soissons. À n'en pas douter, les affronts infligés sur les champs de bataille par le fils de son premier amour ne durent pas encourager le Roi-Soleil vieillissant à lui pardonner.

Les malheurs de Sophie

Sophie de Ruffey, marquise de Monnier

Il existe des couples légendaires dont les histoires bien réelles ont traversé les siècles et continuent à nourrir notre imaginaire romanesque : Antoine et Cléopâtre, Dante et Béatrice, Héloïse et Abélard, parmi d'autres. La liaison à la fois rocambolesque et dramatique qui se noua à partir de 1775 entre Sophie de Ruffey, marquise de Monnier, et Honoré Gabriel Riquetti, comte de Mirabeau[1], paraissait en tout point digne d'appartenir au cercle fermé des couples mythiques. Elle suscita un grand tapage de leur vivant, mais la publication posthume, en 1792, des lettres enflammées qu'adressa Mirabeau à Sophie acheva de la faire basculer dans la légende des

1. L'orthographe Riquetti en usage du vivant d'Honoré Gabriel et utilisée pour ses écrits, demeure celle référencée par l'Assemblée nationale dont il fut un député célèbre. Cependant, Mirabeau signa son testament rédigé au donjon de Vincennes en tant qu'Honoré-Gabriel Riquety, comte Mirabeau-fils, autre orthographe du nom de famille avec celle de Riqueti.

amours éternelles. Celles *qui finissent,* ainsi que l'écrivit l'amant passionné à sa maîtresse, *ne sont point les nôtres.*

L'histoire, maintes fois racontée au siècle suivant, fut magnifiée au passage. Le prolifique biographe Benjamin Gastineau, qui leur consacra un ouvrage en 1865, n'hésitait à élever Sophie, parmi tous les succès féminins de Mirabeau, au rang de « la seule femme qui l'eût aimé et qu'il eût aimée ». La plume de l'auteur soulignait la beauté de l'esprit pour l'un, l'élévation de l'âme pour l'autre.

Ce qui lui était impossible d'embellir, en revanche, étaient les appâts physiques des tourtereaux. Lorsque la police se jeta aux trousses des amants fugitifs, le signalement de Sophie de Monnier décrivait une jeune femme de vingt et un ans, de taille moyenne, se tenant mal, « le dos arrondi, le visage plein, les lèvres épaisses, les cheveux bruns, la peau blanche ayant des couleurs naturelles, de l'embonpoint, la voix basse et forte et parlant distinctement ». Quant à la laideur de Mirabeau, elle était proverbiale, au point que son père avait affirmé à l'oncle du petit, à sa naissance, le 9 mars 1749, que son « neveu était laid comme celui de Satan ». À en croire le portrait brossé par la police, Mirabeau, qui avait vingt-huit ans à l'époque de sa fuite avec Sophie, était « d'une taille de 5 pieds 4 pouces[1], gros de corps, visage extrêmement gravé de la petite vérole et même couturé, sourcils bruns, les yeux vifs et couverts et un peu enfoncés, cheveux bruns tirant sur le roux, attachés ordinairement avec un catogan, grosses jambes, larges épaules ».

1. Soit environ 1,65 m.

Ce portrait peu flatteur était pourtant celui d'un incroyable séducteur, accumulant les conquêtes avec la même facilité qu'il contractait des dettes. Lorsque Sophie de Ruffey rencontra Mirabeau en juin 1775, l'homme jouissait d'une singulière réputation.

Honoré Gabriel avait débuté sa carrière amoureuse adolescent avec la fille de son précepteur, et n'avait cessé depuis son initiation de scandaliser la bonne société par ses frasques. Il n'interrompait provisoirement son activité de séducteur (et encore) que lors de ses séjours au cachot où l'expédiait son père. Victor Riquetti, marquis de Mirabeau, abusait en effet des lettres de cachet à l'encontre d'un fils qu'il surnommait sans aucune affection « l'ouragan ».

Le marquis ne pouvait se prétendre lui-même un parangon de vertu et les fréquents internements de sa progéniture avaient plus souvent pour origine la protection de ses propres intérêts que la sauvegarde de la morale. Il avait épousé une femme pour sa dot et l'avait éloignée du domicile conjugal (le château de Le Bignon dans le Loiret) pour y installer sa maîtresse à la place. Le fief familial d'origine était situé dans le massif du Lubéron, aujourd'hui ville de Mirabeau dans le département du Vaucluse. Mais le marquis, souhaitant se rapprocher de Paris et du pouvoir, avait acquis cette propriété où étaient nés son fils aîné Honoré Gabriel et son cadet Boniface qui avait sa préférence.

Victor Riquetti avait lui-même déjà tâté de la lettre de cachet et de ses conséquences. Adhérant aux théories économiques défendues par les physiocrates, le marquis publia plusieurs ouvrages. L'un, *L'Ami des hommes,* lui procura célébrité dès sa parution en 1756. L'autre, *La Théorie de l'impôt,* courrouça le roi Louis XV qui l'envoya tout droit au donjon de Vincennes le 14 décembre 1760. Il n'y médita qu'une huitaine de jours sur son infortune avant d'être assigné à résidence dans son château, mais le marquis avait ainsi expérimenté que rien ne valait « une bonne geôle fraîche » pour refroidir un bouillant et mauvais sujet.

Or, son fils, laid et rebelle, le mécontentait. Six mois de détention à l'île de Ré ne l'avaient pas assagi. On avait dû mettre un terme abrupt à la carrière militaire du jeune homme, bien qu'il fût bon soldat, en partie parce que le marquis n'avait pas les moyens de lui offrir un régiment, mais également parce que les maris cocus se multipliaient dans les garnisons. De plus, l'intelligence de son fils, son savoir, son incroyable éloquence et son talent d'écriture l'agaçaient, car Honoré Gabriel le concurrençait sur un terrain intellectuel où le marquis se piquait d'être supérieur.

Honoré Gabriel, toujours à l'affût d'un divertissement, avait beaucoup joué et beaucoup perdu. Le mariage avec une riche héritière pour éponger ses dettes semblait la meilleure des solutions. Mais les parents de la demoiselle pressentie, Émilie de Marignane, fortune méridionale[1], ne voulaient pas d'un débauché comme le jeune Mirabeau pour gendre. Le mensonge et la duplicité ne rebutaient

1. L'aéroport de Marseille-Marignane a été construit sur d'anciennes terres de cette famille.

nullement Honoré Gabriel et il usa d'un stratagème peu délicat pour emporter la mise – dont on peut seulement espérer qu'il en avait auparavant reçu l'aval d'Émilie. Il apparut à la fenêtre de sa chambre, dans une tenue négligée laissant entendre qu'il avait passé la nuit avec la jeune femme. Scandale ! Les parents menèrent immédiatement à l'autel, le 23 juin 1772, la jeune fille de vingt ans ainsi compromise. Mais le mariage, entre les dettes et la mésentente des époux, ne dura guère. La famille régla les problèmes par lettre de cachet interposée, moyen expéditif de contourner les juridictions et les procédures. Les ordres du roi, autrefois réservés aux Affaires de l'État, s'étaient prodigieusement multipliés à l'initiative des particuliers, abusant ainsi des internements qui ne servaient plus que leurs intérêts et non ceux du royaume.

Honoré Gabriel connut l'assignation à résidence à Manosque. Émilie finit par retourner à Aix chez son père, tandis que le marquis de Mirabeau s'inquiétait. Et si « l'ouragan » nuisait à son intention de se séparer de sa femme légitime, en secondant sa mère dans le procès ? Il obtint, en septembre 1774, que Honoré Gabriel fût enfermé au château d'If, érigé sur un îlot en rade de Marseille. Craignant toutefois que le détenu ne réussisse à charmer le geôlier du fort afin de prendre contact avec sa sœur, Louise de Cabris, qui soutenait sa mère, le marquis, une fois encore, abusa de lettre de cachet. Il fit cloîtrer sa fille dans un couvent de Sisteron et éloigner son fils en Franche-Comté.

C'est ainsi qu'au printemps 1775, Honoré Gabriel, désespéré à l'idée d'être exilé, selon ses termes, « dans le pays le plus froid et le plus triste d'Europe », sans argent, sans livres et sans société brillante à côtoyer, fut transféré au fort de Joux et enfermé dans une des cellules froides et humides de la tour qui porte aujourd'hui son nom. Cependant, il s'aperçut bientôt que la sinistre prison d'État, surplombant la cluse de Pontarlier dans le massif du Jura, allait lui offrir un semblant de liberté appréciable. Le gouverneur sexagénaire, M. de Saint-Mauris, avait accueilli le détenu avec une certaine chaleur. Éloquent, spirituel et d'excellente famille, le prisonnier était un hôte distrayant. Bientôt, Mirabeau eut à sa disposition autant de livres qu'il souhaitait et logea même, de temps à autre, dans une auberge de Pontarlier où il pouvait recevoir sa nouvelle maîtresse, surnommée La Gotton. Il fut bien évidemment invité au banquet donné le 11 juin 1775, en l'honneur du sacre de Louis XVI. Sa qualité « intéressante » de prisonnier d'État lui valut d'être assis à côté de Sophie de Ruffey, marquise de Monnier par son mariage avec l'ancien premier président de la chambre des comptes de Dôle.

On aimerait pouvoir écrire que le coup de foudre frappa les deux êtres dès le premier regard, mais il n'en fut rien. Sophie n'était pas une beauté renversante qui eût pu d'emblée attirer le regard de Mirabeau. De son côté, la jeune femme, tandis que Mirabeau faisait le spirituel et enchantait la petite société provinciale, coulait des regards enamourés vers un autre invité, capitaine d'artillerie. Son badinage se limitait à quelques œillades car la pauvre Sophie pouvait difficilement rêver d'une véritable aventure à Pontarlier.

Elle n'était pas plus heureuse en ménage qu'Honoré Gabriel, néanmoins pour des motifs différents. Son père, Richard de Ruffey, président à la Chambre des comptes de Bourgogne, à Dijon, s'était si bien démené à jouer les mécènes pour la société littéraire qu'il avait créée que sa fortune s'en était trouvée amoindrie. Ses filles auraient été chichement dotées. Or, le marquis de Monnier, veuf, cherchait à se remarier pour obtenir, au plus vite, un héritier qui lui permettrait de déshériter son unique enfant, une fille, qui avait osé braver l'interdiction paternelle pour épouser l'homme de son choix. Le marquis n'était pas très regardant sur la dot, étant très pressé, à plus de soixante-dix ans, de convoler et d'avoir le temps de procréer... Richard de Ruffey somma la jeune Sophie, à peine âgée de dix-sept ans, d'épouser le vieux barbon. Aucune supplication de la fiancée, y compris la réflexion ironique que Voltaire adressa à Richard de Ruffey avec lequel il correspondait, s'étonnant d'apprendre que « M. de Monnier fût un jeune homme à marier », ne put infléchir l'arbitraire du président à la Chambre des comptes. Le 1er juillet 1771, un an avant le mariage de Mirabeau et d'Émilie de Marignane, Sophie devint la marquise de Monnier.

Si Sophie se montra distraite vis-à-vis du nouveau venu dans la petite société de Pontarlier, en revanche, Mirabeau fut remarqué par le marquis de Monnier. Une fois achevée la saison d'été où le couple se retirait dans une de leurs propriétés, l'ancien président se souvint de Mirabeau et l'invita à sa table de jeu. Partenaire au whist[1] et

1. Jeu de cartes d'origine anglaise très populaire jusqu'au XIXe siècle.

brillant causeur, il eut ainsi l'occasion de faire plus ample connaissance avec la maîtresse de maison, d'apprendre l'infortune qui avait présidé à cette union désassortie... et de se proposer rapidement comme amant !

Le 13 décembre 1775, Sophie céda à ses avances et devint la maîtresse d'Honoré Gabriel.

La date est connue, car Mirabeau la nota dans ses écrits, commentée d'un « je fus heureux » tout en majuscules. Le couple ne manquera pas de fêter cet anniversaire dans leurs courriers. La liaison révélait enfin à la jeune Sophie, âgée de vingt et un ans, la jouissance physique refusée jusqu'à présent. Mirabeau, quant à lui, se découvrait amoureux ainsi qu'il le confessera plus tard au fond d'un cachot dans un mémoire adressé à son père : « Jusque-là, je n'avais connu qu'un commerce de galanterie qui n'est point l'amour, qui n'est que le mensonge de l'amour. »

Le mari ignorait son infortune. Les amants étaient discrets, usant du logis de La Gotton pour leurs ébats. Mais l'attitude de Sophie, radieuse de bonheur, provoqua la suspicion. Les prétendants éconduits de la marquise, M. de Saint-Mauris en tête, ne goûtèrent que fort peu qu'un prisonnier d'État emporte une place forte, réputée inviolable. Le gouverneur du fort rappela brutalement à Mirabeau qu'il était interdit de sortie. Il assista pourtant, le 14 janvier 1776, au bal que donnaient le marquis et la marquise de Monnier et se dispensa de rentrer dans sa cellule. À la place, il se glissa dans le lit de Sophie ! Au moindre grincement de pas sur les lattes du parquet, Mirabeau courait s'enfermer dans un placard. Deux nuits plus tard, il se faufila discrètement hors de la demeure pour se cacher à Viteaux.

L'homme n'avait pas seulement éveillé les sens de la jeune femme, mais aussi son tempérament. Loin d'être une femme fragile, que le charisme d'Honoré Gabriel aurait subjuguée au point de « se perdre », Sophie n'avait pas la moindre intention de renier la chance d'une autre vie. C'est ce qu'elle clama haut et fort à son mari lorsqu'il lui demanda des comptes, éclairé sur l'adultère par des amis complaisants de M. de Saint-Mauris. Craignant un enlèvement, le vieux barbon la renvoya à Dijon, sous la surveillance de sa famille. Le 23 février, escortée comme une prisonnière par les domestiques de son mari, Sophie fut rapatriée à l'hôtel de Berbisey, résidence de ses parents.

Les Ruffey étaient scandalisés par l'inconduite de Sophie qui déshonorait leur famille, et ils la traitaient sans égard. Ils la laissèrent néanmoins paraître à un bal donné par le grand prévôt de Bourgogne. L'aboyeur annonça un invité, doté d'un fort embonpoint et le visage grêlé par des cicatrices, au nom curieux de M. le marquis de Lancefoudras. Sophie, reconnaissant son amant, ne put dissimuler son émoi. Sa mère la ramena derechef à la maison et alerta le prévôt. Mirabeau était un détenu en fuite et devait être arrêté. Il fut consigné dans sa chambre de la rue Potelle, en attendant les ordres émanant de Versailles.

La surveillance autour de Sophie se resserra. La nuit, elle dormait dans la chambre de sa sœur, chanoinesse rigide, indignée par le péché de chair de la jeune femme. La religieuse liait un ruban au pied de Sophie dont elle enserrait l'autre bout autour de son bras. Mais l'amoureuse, une nuit, se défit de son lien et s'empressa de rejoindre son amant qui veillait dans le jardin. Ils gardèrent l'un et l'autre un excellent souvenir de cette nuit d'inconfort.

Sophie fut reconduite à Pontarlier et le sort de Mirabeau, scellé par une nouvelle lettre de cachet qui le condamnait à moisir dans la citadelle de Doullens. Cette fois-ci, afin de faire fléchir le ministre Malesherbes qui se lassait de passer son temps à signer des lettres de cachet pour le marquis de Mirabeau, ce dernier reçut l'appui des Ruffey, mais également de la belle-famille d'Honoré Gabriel, les Marignane. On pressait de toute part le ministre qui fit partir l'ordre doublé, presque aussitôt, d'un message au jeune Mirabeau lui conseillant de s'échapper.

Honoré Gabriel, toujours reclus à Dijon, n'hésita pas à suivre si bon conseil et, dans la nuit du 25 au 26 mai 1776, le prisonnier se volatilisa.

Mirabeau était en fuite et Sophie retenue prisonnière dans sa propre demeure. Les amoureux réussissaient à échanger des lettres passionnées, mais leur avenir semblait compromis. La sœur de Mirabeau, Louise de Cabris, se mêla alors de la partie. Elle accepta de réceptionner l'argent et les vêtements que lui envoyait la jeune femme afin de préparer son évasion. Le 24 août 1776, Sophie s'habilla en homme et dissimula ce costume masculin sous une robe de paysanne. Le cœur battant, Sophie s'avança dans l'obscurité du parc jusqu'au mur qu'elle franchit à l'aide d'une échelle de corde. De l'autre côté, un complice l'attendait avec une monture. Elle se débarrassa de sa robe, enfourcha le cheval et galopa vers Verrières, en Suisse, à une quinzaine de kilomètres de Pontarlier, où l'attendait son amant. Sa décision était arrêtée au point qu'elle portait en son sein une petite fiole de laudanum prête à être avalée si elle venait à être reprise.

Le journal de Mirabeau retraçant les événements porte la mention : « Le samedi 24, Sophie arrive aux Verrières à onze heures et demie du soir. » Dans la marge, un cœur enflammé est crayonné.

Il fallut bien quinze jours d'ébats et de tendresses dans leur chambre d'auberge pour rattraper le temps perdu, injustement volé. Puis le couple se mit en chemin vers Amsterdam. Ils louèrent un appartement dans la Caverstrand, se présentant au propriétaire comme le comte et la comtesse de Saint-Mathieu. Mirabeau n'avait pas fait le choix de cette ville par hasard. Ses accointances avec les loges maçonniques lui faisaient espérer obtenir la citoyenneté, le mettant à l'abri des poursuites judiciaires. De plus, Amsterdam, capitale de la libre-pensée, correspondait à ses propres inclinaisons libertaires, amorcées pendant son séjour à Pontarlier. Il avait, en effet, commis un *Traité sur le despotisme*, qu'il avait fait discrètement publier en Suisse pendant les heures de semi-liberté que lui accordait à l'époque M. de Saint-Mauris, le gouverneur du fort de Joux.

Les débuts furent heureux. Sophie avait emporté suffisamment d'argent pour vivre. Lorsque les économies vinrent à diminuer, Mirabeau reprit la plume et publia sous un faux nom toutes sortes d'essais, de pamphlets et de considérations diverses, y compris des ouvrages libertins. Inspiré peut-être en cela par ses propres ébats avec sa bien-aimée car, dira-t-il plus tard dans ses *Lettres à Sophie*, « nous aimions tant notre lit ».

La jeune femme, réduite à donner des cours d'italien et à vendre les petits tableaux qu'elle peignait, ne songeait nullement à se plaindre de sa nouvelle vie. « Élevée dans l'opulence, déclarait Mirabeau admiratif, jamais elle ne fut si gaie, si courageuse, si attentive, si égale et si tendre que dans la pauvreté. » Assez intelligente pour comprendre que son amant se lasserait vite d'une médiocre compagnie à ses côtés, elle étudiait vaillamment l'histoire, la grammaire, les langues, le piano pour enrichir sa conversation.

Les deux tourtereaux, à défaut de sceller leur union de manière plus officielle, s'offrirent des anneaux gravés de devises hautement symboliques. « L'amour brave le sort » pour celui de Sophie, et « C'est avec toi qu'a commencé l'amour, c'est avec toi qu'il finira » pour Honoré Gabriel.

Sophie tomba enceinte. Mirabeau allait enfin exercer son rôle de père, puisque son premier enfant était resté avec son épouse légitime. Mais il commit une faute qui les perdit...

Dans un sursaut d'orgueil ou de naïveté, afin de convaincre l'éditeur qui publiait ses essais qu'il jouissait d'un certain crédit politique, il lui révéla qu'il était l'auteur du *Traité du despotisme*. Le libraire bavarda avec des collègues suisses et, de fil en aiguille, le marquis de Monnier apprit le lieu de leur cachette. Avare et dévot, il était cependant moins cruel que les familles respectives du couple. Il envoya un émissaire afin de convaincre Sophie de rentrer à la maison. Elle refusa énergiquement.

La fille du marquis vit dans l'affaire l'occasion rêvée de faire déshériter l'encombrante belle-mère et récupérer la part d'héritage dont elle avait été spoliée. Elle intenta une action en justice, appuyée par les Ruffey. L'infortuné mari décida finalement de porter plainte envers Honoré Gabriel pour rapt, adultère et séduction. Quant au marquis de Mirabeau, selon son habitude, il remua ciel et terre parmi ses amis politiques pour faire pourchasser son fils.

L'accusation était grave et le jugement par contumace, en mai 1777, condamnait le séducteur à avoir la tête tranchée et la séduite à être rasée et enfermée, sa vie durant, dans une maison de refuge qui accueillait des prostituées dans des conditions disciplinaires affreusement strictes.

Mirabeau espéra un instant que sa citoyenneté fraîchement acquise le sauverait des griffes de la justice. Mais Sophie n'était pas, quant à elle, à l'abri d'une extradition. Le consul de France proposa à Mirabeau de lui livrer la jeune femme en échange de sa tranquillité. Honoré Gabriel rejeta avec mépris l'indignité d'une telle issue et préféra fuir à Vienne avec Sophie, par des chemins séparés.

La police intercepta la voiture dans laquelle la jeune femme tentait de s'évader. Elle porta alors à ses lèvres le flacon de laudanum qui devait la libérer à tout jamais de l'emprise de sa famille, mais fut empêchée d'en avaler le contenu par les forces de l'ordre. Mirabeau, apprenant son arrestation, fit demi-tour, décidé à se défendre, quitte à risquer l'internement.

Les dettes contractées par les amoureux faillirent les sauver. Tant qu'elles n'étaient pas réglées, l'extradition était refusée. Mais qu'importait l'argent s'il satisfaisait son besoin de vengeance : le marquis de Mirabeau solda toutes les factures en souffrance et le couple fut extradé vers la France.

Le policier chargé de l'enquête s'émut de la sévérité de la condamnation de Sophie et chercha à l'adoucir. Grâce à ses requêtes répétées, la jeune femme évita l'horreur de Sainte-Pélagie, la terrifiante maison de discipline à laquelle elle était promise. Celle où elle fut menée, quoique moins stricte, n'en était pas moins une affreuse prison. Elle termina sa grossesse dans une cellule puante, le corps mangé par la vermine, confrontée à la promiscuité de ses codétenues dont l'une, démente, hurlait nuit et jour. Elle chercha par tous les moyens à correspondre avec son amant. Avant même de réussir à envoyer une lettre, il lui fallut déjà se procurer encre et papier. Elle parvint à un résultat passable en faisant macérer des clous dans du vinaigre pour obtenir une encre jaune teintée de rouille. Les missives qu'elle réussit à faire envoyer à Mirabeau exaltaient sa passion et sa souffrance. « À moitié endormie, je te cherche près de moi, ma bouche cherche la tienne et le réveil est affreux. Quel crime avons-nous commis ? Celui de nous aimer, de nous adorer. Je le commettrai toute ma vie, dussé-je mille fois mourir ! »

Pendant ce temps, Mirabeau croupissait au cachot dans le donjon du château de Vincennes, situé à l'est de

Paris. Les conditions de détention s'améliorèrent lorsque Mirabeau réussit à entrer en contact avec le lieutenant de police Le Noir, supérieur hiérarchique de l'affreux commandant du donjon. Le lieutenant détestait le père de Mirabeau, abhorrant les doctrines des physiocrates que ce dernier défendait. Atteindre le père en adoucissant la dureté de l'enfermement du fils n'était pas sans lui déplaire. D'autant plus que des voix commençaient à s'élever pour critiquer l'exécrable habitude du marquis d'abuser des lettres de cachet contre sa famille (plus de quarante !).

Mirabeau put enfin correspondre avec Sophie à partir de décembre 1777. Peu de lettres de la jeune femme ont été conservées en comparaison de celles de son correspondant. Mais elles permettent d'imaginer ce qu'elle endura privée de sa liberté, séparée de son amant et de sa fille.

En effet, le 7 janvier 1778, Sophie accoucha d'une fille qu'elle baptisa Sophie Gabrielle. On lui enleva l'enfant pour la placer en nourrice près de la capitale, dans un village au nom tristement prédestiné de Deuil[1]. Sophie quant à elle fut transférée au couvent des Dames-de-Sainte-Claire, à Gien.

Mais la petite décéda le 5 juin 1780 et fut enterrée sur place. La jeune mère songea alors au suicide, imaginant que sa disparition après celle de son enfant simplifierait la position de son amant. Mais elle retint son geste, tandis que Mirabeau pleurait la mort de Gabrielle.

1. Deuil-la-Barre dans le Val-d'Oise, à côté de Montmorency.

La correspondance s'échelonna sur quatre années jusqu'à la libération de Mirabeau en décembre 1780. Aux lettres de Sophie, qualifiées de « naïves et brûlantes » par Joseph Merilhou qui en publia quelques-unes en 1835, répondaient les missives enflammées, romanesques et parfois sexuellement très explicites de Mirabeau. La correspondance que les amants s'échangèrent fut bien évidemment expurgée des passages licencieux[1] lors des publications ultérieures, car « trop colorée par les emportements de la passion », selon la formule choisie de Benjamin Gastineau dans son ouvrage datant de 1835, mais qui témoignait néanmoins, de la « belle énergie de leur amour », ainsi que le déclarait Mirabeau.

Honoré Gabriel dut sa libération à la mort de son fils légitime, survenue en 1778. Le marquis de Mirabeau, affolé de ne pas avoir de descendance pour transmettre son nom, envisagea le retour de son fils dans le giron familial en espérant lui faire reprendre la vie commune avec Émilie de Marignane. À trente-deux ans, les portes du donjon s'ouvrirent enfin pour Honoré Gabriel.

Sophie, quant à elle, restait cloîtrée dans son couvent. La situation de la jeune femme s'était améliorée depuis les jours sombres de la maison de discipline. Elle possédait ses propres appartements et pouvait prendre le frais dans le jardin des religieuses. Le docteur était le seul homme autorisé à pénétrer dans l'enceinte du bâtiment. Attendri par la triste histoire de la recluse, il avait joué

1. Les héritiers du comte de Mirabeau et de Sophie de Ruffey détruiront les lettres les plus crues qu'échangèrent les amants.

les messagers auprès de Mirabeau pour organiser une entrevue. L'affaire était pourtant loin d'être sans risque pour le couple et son complice.

Aux premiers jours de juin 1781, à la faveur du crépuscule, Mirabeau, vêtu d'un sarrau de jardinier et de chaussons pour amortir le bruit de ses pas, se glissa dans le couvent où l'attendait son aimée. Comme au temps de Pontarlier où l'amant se dissimulait dans la chambre de Sophie, Mirabeau, ainsi que le raconta le docteur des années plus tard, s'attarda plusieurs jours dans les bras de sa maîtresse. Les tendres retrouvailles avaient néanmoins le goût amer des histoires, de *celles qui finissent*.

Après cet épisode, les amants continuèrent de correspondre, mais les cris brûlants d'amour que lui envoyait la jeune femme s'estompèrent devant les réponses de moins en moins chaleureuses de Mirabeau, retourné à ses conquêtes. La correspondance s'étiolait et Sophie se disait « lasse de commencer toutes ses lettres par des plaintes sur son silence ». La marquise de Monnier avait la Liberté pour rivale, bien plus grisante qu'une ombre derrière les murs d'un couvent. Pour en jouir pleinement, Honoré Gabriel devait recouvrir l'usage des droits civils dont sa condamnation l'avait privé, et il se livra à la justice de Pontarlier, une fois assuré du sacrifice de Sophie à son égard. Il brocarda ses ennemis dans un brillant plaidoyer qui le lavait du soupçon de rapt, arguant que Sophie était venue le rejoindre de son plein gré, sachant que la marquise ne s'opposerait pas à cette version des faits qui lui ôtait toute chance d'alléger sa propre condamnation. En même temps, le marquis de Mirabeau concluait secrètement un arrangement, le 14 août 1782, avec les Ruffey et les Monnier, favorisant l'élargissement de son fils et punissant sévèrement la pécheresse.

Honoré Gabriel était libre, au prix du sacrifice de Sophie.

Car, selon les clauses de la transaction, la jeune femme, bien que séparée définitivement de son vieil époux et privée de sa fortune, était contrainte de demeurer au couvent jusqu'à la fin de l'année suivant la mort éventuelle de son mari.

Mirabeau se rendit en Suisse pour y faire publier les manuscrits rédigés au donjon de Vincennes, un roman érotique et un traité révolté sur le symbole de l'arbitraire de la justice royale dont il avait longtemps souffert : les lettres de cachet. Honoré Gabriel était en route pour la gloire où l'éleva la Révolution française… La postérité gardera en mémoire l'éloquence de « l'Hercule de la Révolution » et le fameux discours[1] qu'il prononça en tant que député du tiers état, reléguant aux oubliettes son passé de libertin régulièrement endetté.

Sophie pleura dans une lettre à son amant la fin de son extraordinaire roman d'amour : « Ils pensaient tous que nous ne pouvions pas vivre l'un sans l'autre. Hélas ! Mon époux, ils ont tort. »

---

1. « […] Je vous déclare que si l'on vous a chargé de nous faire sortir d'ici, vous devez demander des ordres pour employer la force, car nous ne quitterons nos places que par la puissance de la baïonnette. »

Même après le décès du marquis de Monnier, elle demeura à Gien, et, sous le nom d'emprunt de marquise de Malleroy, tenta de redonner des couleurs à sa morne existence. Elle crut que M. du Poterat, un ancien officier de cavalerie aux manières chevaleresques, pouvait lui offrir, à trente-sept ans, le bonheur dont elle avait été privée depuis si longtemps. Mais le prétendant mourut avant la noce. Le coup fut fatal à Sophie pour qui le suicide avait toujours été une option lorsque le destin contrariait ses desseins.

Le 9 septembre 1789, Sophie congédia sa domestique. Elle alluma deux réchauds remplis de charbon et ferma soigneusement les fenêtres et les portes de la pièce. Décidée à commettre l'irréparable, elle se ligota à une chaise afin de ne pas trahir sa volonté.

Quant à Mirabeau, s'il apprit la nouvelle, son chagrin demeura discret...

Ainsi que le comte l'écrivit à Sophie lors de son emprisonnement au donjon de Vincennes :

« Les malheureux ont toujours tort, tort de l'être, tort de le dire, tort d'avoir besoin des autres et de ne pouvoir les servir[1]. »

---

1. *Lettres à Sophie.*

Le salaire du vice

Sophie Dawes, baronne de Feuchères

« Portugal ! Portugal ! » s'égosillait la jeune marchande d'oranges, l'anse du panier calé dans le creux de son coude, s'efforçant d'attirer l'attention de la belle société londonienne qui se rendait au légendaire théâtre royal Drury Lane. Le XIXe siècle débutait lorsque la jeune Sophie, âgée d'une quinzaine d'années, arpentait Catherine-Street dans le quartier de Covent Garden, où était situé le théâtre. Elle tendait sa main où reposait le précieux agrume pour appâter le client. Vendre des oranges aux abords et à l'intérieur de l'établissement était son maigre gagne-pain, mais il avait porté chance, deux siècles auparavant, à une autre pauvresse du nom de Nell Gwyn. Elle était devenue actrice, puis maîtresse du roi d'Angleterre Charles II.

Sophie était fermement décidée d'user de toute son intelligence et de sa ruse pour s'élever dans la société à l'instar de cette comédienne, dont descendaient les ducs de Saint-Albans. Mais elle ne possédait pas le talent artistique qui avait permis autrefois à Nell Gwyn de faire les premiers pas pour sortir de sa condition. Sophie ne pouvait compter que sur la fraîcheur de son teint et sur ses rondeurs appétissantes pour prétendre à un avenir meilleur.

Son parcours, jusque-là, ne favorisait pas ses ambitions.

Sophie avait vu le jour vraisemblablement le 29 septembre 1792, au sein du couple formé par Jane Callaway et Richard Daw, sur l'île de Wight, sur la côte sud de l'Angleterre. Son enfance et sa date de naissance sont effectivement sujets à caution, car Sophie mentira toujours sur son âge et se gardera bien de se vanter de sa basse extraction. Le patronyme de Daw se modifiera en Dawes au fil du temps, mais plutôt que d'y voir un moyen supplémentaire de dissimuler ses origines, il correspondait probablement à l'orthographe fantaisiste de l'époque.

Fille d'un pêcheur ivrogne et contrebandier, père de dix enfants dont quatre seulement survécurent à l'âge adulte, elle fut placée dans une maison destinée aux indigents en 1797, en raison de l'incapacité de ses parents à subvenir aux besoins de la famille. La gamine, qui courait jambes nues sur les plages de Saint-Helens, fut alors hébergée à Newport, le chef-lieu de la ville, dans un bâtiment à deux étages en briques rouges, The House of Industry. L'institution accueillait jusqu'à sept cents hommes, femmes et enfants, de tous âges, avec toutefois la pauvreté en dénominateur commun. Les plus jeunes, comme Sophie, allaient ramasser des bigorneaux le long des côtes. Les autres apprenaient les rudiments d'un métier manuel. Plus grande, elle reçut une formation de domestique.

Elle quitta l'institution en 1805, pour un emploi de servante dans une ferme des environs. Elle n'y fit pas long feu. Elle bénéficia, dit-on, des largesses d'un homme pour fuir à Portsmouth où elle occupa brièvement un poste de femme de chambre dans un hôtel. Sans plus tarder, elle passa à l'étape suivante : Londres. Elle y fut engagée chez une modiste. Coupable de s'être amourachée d'un porteur d'eau, elle fut renvoyée de la boutique. Si la raison qui entraîna son licenciement est exacte, l'épisode servit de leçon à la jeune Sophie. Elle allait, à l'avenir, mieux choisir ses amants et rester maîtresse de ses sentiments.

Le prétendant suivant, un officier, l'installa dans une maison à Turnham Green. Malheureusement, la liaison prit fin quelques mois plus tard. Qu'il se soit lassé d'elle ou pour un autre motif, l'homme ne lui en versa pas moins, après la rupture, une pension annuelle de cinquante livres. La somme ne faisait pas d'elle une femme riche, mais notons au passage le talent naturel de Sophie à soutirer de l'argent à ses amants. Prédisposition qu'elle cultivera avec succès !

Puisqu'il fallait bien vivre, la jeune femme prit du service dans un bordel de luxe, vers 1810, non pas en tant que pensionnaire mais en tant que domestique.

Londres accueillait un nombre impressionnant d'établissements de mauvaise vie. L'Écossais Patrice Colquhoun évaluait, dans son *Treatise on the Police of the Metropolis*, de 1797, à 50 000 le nombre de prostituées qui battaient le pavé de la capitale, pour une population d'un million d'habitants. Les bordels, situés autrefois à la périphérie de la ville, hors de portée de la juridiction de la capitale, s'étaient multipliés dans le centre. Le quartier de Covent Garden, en raison de la variété de son offre, y avait même gagné le surnom de « Grande place de Vénus ». Une épaisse brochure publiait les noms des dames de petite vertu et leurs lieux de travail, fournissant également une description de leur physique et de leurs spécialités. Cette espèce de guide Michelin du sexe portait le nom de *Harris,* la première maquerelle à en avoir eu l'idée. Mais la majorité des prostituées connaissait une vie misérable et elles décédaient jeunes. Les prestations proposées dans le *Harris' Guide to Covent Garden Ladies* visaient une clientèle riche, capable de payer des tarifs élevés. Sans complexe par ailleurs, puisque le mariage dans la société aristocratique n'était qu'un acte social et qu'il était presque inconvenant de s'intéresser à sa femme, passé un court délai après les épousailles.

La position de servante dans une maison de débauche, fréquentée par des Lords et des émigrés nobles qui avaient fui la Révolution française, n'était pas un si mauvais calcul de la part de Sophie, bien qu'il fût certainement dicté par la nécessité. En écoutant les bavardages des pensionnaires, la jeune fille y apprenait un savoir-faire fort utile. Les tenanciers fermaient les yeux sur le *tumble,* le petit extra entre une servante et un client, qui lui permettait d'arrondir ses fins de mois. De surcroît, une maison de passe de luxe se révélait un terrain de chasse giboyeux pour attirer l'attention d'un homme riche.

Elle aurait ainsi débuté une liaison avec un anglais aisé, charmé par la donzelle. Un portrait de Sophie, peint des années plus tard, alors que l'âge avait alourdi sa taille, ne rend pas justice à son *sex-appeal* – la locution anglaise lui allant comme un gant. Elle possédait de magnifiques cheveux bruns, des formes voluptueuses et il émanait d'elle une énergie bouillonnante qui la poussait toujours à l'action. « Tant que je ne cours pas, écrira-t-elle en 1825, et que je ne suis pas en perpétuel mouvement, ma vie est un supplice. » Un contemporain qui ne l'aimait guère la décrira, en 1827, alors qu'elle approchait de la quarantaine, « grosse et fraîche cuisinière dont tout homme honnête se fût dégoûté en trois jours ». La pique d'Alexandre de Puymaigre révélait malgré lui l'attirance physique qu'elle exerçait sur les hommes, puisqu'il aurait néanmoins volontiers goûté à ce fruit trois jours durant.

Sophie fut ainsi remarquée par M. Guy, fidèle domestique du duc de Bourbon et rabatteur de chair fraîche à ses heures. Elle possédait toutes les qualités pour plaire à son maître, qui n'aimait que les filles faciles et les aventures sans complication. Louis-Henri-Joseph avait dépassé la cinquantaine lorsqu'il la rencontra. Le jour, il chassait. Le soir, il menait joyeuse vie avec ses amis, Lord William Gordon et le comte Winchelsea, fréquentant les bordels et jouant aux cartes.

Né avant la Révolution française, en 1756, le fils du prince de Condé, avait épousé à quinze ans sa cousine, la princesse Louise-Thérèse-Bathilde d'Orléans. L'enfant qui naquit de cette union n'était autre que le duc d'Enghien, accusé plus tard de conspirer contre le premier consul Napoléon Bonaparte. Le jeune homme fut enlevé, jugé et fusillé dans les fossés de Vincennes en 1804. Le duc de Bourbon avait appris la mort de son fils en Angleterre où il avait émigré trois ans plus tôt, après le licenciement de l'armée levée par son père, le prince de Condé. Ce fut, par ailleurs, pendant l'un des combats auquel le duc de Bourbon participa contre l'Armée de la République qu'il fut blessé d'un coup de sabre à la main droite, sectionnant les tendons de deux doigts. Un détail qui prendra toute son importance lors de l'enquête qui sera diligentée après son décès.

La liaison qui débuta entre Sophie et Louis-Henri-Joseph ne les empêchait en rien de nourrir un commerce intime avec d'autres partenaires. Sophie n'abandonnait pas son dernier protecteur en date, un anglais du nom de Thomas Barry, assez généreux pour satisfaire le besoin de savoir de la très jeune femme. La fille inculte d'un pauvre pêcheur avait compris qu'elle devait pallier son peu d'éducation pour espérer gravir les échelons de la société. Lord William Gordon, vieil ami de débauche du duc de Bourbon, lui répondra ainsi, lorsque ce dernier lui demandera plus tard conseil sur la conduite à tenir avec Sophie : « Elle n'est pas sotte. Il s'en faut diablement. » Elle apprit le français, langue universelle de l'Europe, qu'une femme du monde se devait de maîtriser et qui avait l'avantage supplémentaire d'être celle de son amant de cœur. Sophie avait flairé en Louis-Henri-Joseph un tempérament qui ne demandait qu'à être asservi, si on savait s'y prendre. La partie était pourtant loin d'être gagnée.

Le retour des Bourbons sur le trône de France se précisait. En 1814, le roi Louis XVIII quitta la magnifique résidence de Hartwell, où il vivait depuis cinq ans, pour la France. Le prince de Condé et son fils l'escortèrent.

Louis-Henri-Joseph était loin de se réjouir de revoir Paris après vingt-cinq années d'absence. L'idée de renouer avec l'étiquette de la Cour et ses obligations de prince de sang royal lui pesaient. Soumis à la tutelle d'un père gâteux et autoritaire, il réintégra sans enthousiasme les demeures familiales, le Palais-Bourbon[1] et le château de Chantilly. Il repoussa avec horreur la proposition de sa femme, dont il était séparé depuis des années, de reprendre la vie commune. Le jour, il pouvait chasser, son grand plaisir. Mais le soir, il se morfondait dans ses palais, ne pouvant renouer à Paris avec la vie de débauche qu'il menait en Angleterre. Il écrivit à Sophie combien il s'ennuyait de Londres. Elle accourut.

Elle embarqua au passage Thomas Barry qui servit (naïf ou consentant) de paravent à ses amours coupables, en se présentant comme un couple d'amis connu lors de l'exil du duc. Ce premier voyage fut lucratif. Il lui rapporta la promesse devant notaire qu'une somme de deux mille livres lui serait versée en cas de décès du duc. Joli début, mais qui dut lui paraître ridicule en regard de l'immense fortune, constatée *de visu*, qui reviendrait au duc de Bourbon au décès de son père. Nul doute que Sophie n'avait plus la moindre intention de laisser échapper pareille aubaine de profiter de la richesse de cet homme.

En raison d'un chassé-croisé provoqué par l'Histoire, Sophie revint en France pour voir le duc alors qu'il était en route pour l'Angleterre. En effet, durant la période des

1. Aujourd'hui, siège de l'Assemblée nationale.

Cent-Jours, Napoléon avait fait vaciller le trône où était assis Louis XVIII qui s'était réfugié à Gand.

Après la défaite de Napoléon à Waterloo et son exil sur l'île de Sainte-Hélène, le roi remonta sur son trône en juillet 1815 et Sophie écrivit à son amant de revenir à Paris. Mais le duc de Bourbon, occupé à jouer les jolis cœurs avec une demoiselle Sophie Harris à qui il rendait de fréquentes visites à Brighton, n'était pas pressé de retrouver la capitale française. Thomas Barry s'était lassé de faire office de chaperon et avait filé en Italie, abandonnant Sophie dont les économies fondaient à vue d'œil. La jeune femme, sentant que la situation lui échappait, réagit avec énergie.

En août 1816, elle regagna l'Angleterre et, dans la foulée, l'affection du duc.

Mais Sophie ne pouvait prétendre fréquenter l'entourage parisien de son amant sans la caution morale d'un bon mariage qui effacerait son passé douteux. Qu'à cela ne tienne, Sophie, qui ne jurait que par l'action, retraversa la Manche en octobre 1816 en direction des côtes françaises. Le duc la gratifia d'un petit pactole pour subvenir à ses besoins, qu'elle s'engageait à lui rembourser sous quinze mois si elle ne trouvait pas de mari.

Adrien-Victor Feuchères, lieutenant-colonel de la Garde royale, fut le pigeon de cette farce. L'officier avait une trentaine d'années, portait beau et était apprécié de ses supérieurs. Il était aussi vaniteux qu'ambitieux. Il rencontra Sophie au cours de l'hiver 1815-1816 et elle lui laissa comprendre à demi-mot qu'elle était la fille naturelle du duc de Bourbon et serait richement dotée à son mariage.

Se prétendre fille illégitime de Louis-Henri-Joseph n'était point sot puisque le duc avait déjà eu deux enfants naturelles avec une chanteuse d'opéra. Il les avait reconnues, leur accordant le titre de Mademoiselle de Bourbon et était proche de la plus jeune, Adelaïde, mariée au comte de Rully.

Le décès du prince de Condé, en mai 1818, précipita les événements. Louis-Henri-Joseph revint en toute hâte à Chantilly. Il héritait d'une immense fortune et ses affaires le maintenaient à présent en France. Ses amours avec la demoiselle de Brighton qu'il poursuivait parallèlement avec sa liaison avec Sophie durent cesser. Il tomba définitivement sous la coupe de Miss Dawes.

Adrien-Victor Feuchères épousa la protégée du duc de Bourbon en août 1816 à Londres. La dot de la mariée était très largement supérieure à la participation du mari à la communauté des biens. Le lieutenant-colonel reçut en cadeau de noces le titre de baron et, en 1819, le poste d'aide de camp du duc, ce qui permettait au couple de se rapprocher officiellement de Louis-Henri-Joseph.

Sophie exultait. À l'instar de Nell Gwyn, elle avait réussi son ascension sociale. Son amant, immensément riche, descendait en ligne directe de Saint-Louis. Son titre de baronne et son amitié avec le prince de Condé lui ouvraient les portes des salons, dont celui du Faubourg Saint-Germain, le plus exclusif, qui regroupait la vieille aristocratie. La fille du pêcheur de l'île de Wight fut également présentée au roi Louis XVIII et à la reine. La rigide duchesse d'Angoulême[1]

1. Madame Royale, fille aînée de Louis XVI et de Marie-Antoinette, duchesse d'Angoulême par son mariage.

avait cherché à rétablir, lors des présentations officielles au couple royal, le cérémonial très compliqué de l'ancien Régime. Sophie, comme d'ailleurs les dames de la Cour nées après la Révolution, dut prendre des cours auprès d'un maître de danse afin de maîtriser la révérence. Tâche dont elle s'acquitta avec plaisir. Elle-même se sentait l'âme d'une reine en parcourant les demeures de son amant où elle résidait la plupart du temps, recevant comme si elle était la maîtresse de maison.

La jeune femme était certes admise dans la bonne société, mais les commérages allaient néanmoins bon train. On se gaussait du baron de Feuchères qui avait gobé cette histoire de fille illégitime, alors que *Tout-Paris* savait depuis longtemps que Sophie était sortie du ruisseau. L'honneur de l'officier, titillé par les rumeurs, se révéla plus chatouilleux que les amants ne le supposaient. Une promotion au grade de colonel ne modéra pas l'exigence de plus en plus affirmée de l'officier de voir la filiation de sa femme officiellement reconnue. Bref, Adrien-Victor posait à présent un épineux problème que les amants ne savaient résoudre. « L'affaire baronique me tourmente autant que vous », observait Louis-Henri-Joseph dans un courrier destiné à sa maîtresse.

Une scène de ménage plus virulente que les autres creva l'accès. Sophie lança à la figure de son mari qu'il était cocu, avouant le mensonge quant à la paternité présumée du duc de Bourbon. L'officier donna sa démission d'aide de camp, quitta le Palais-Bourbon et se répandit en propos venimeux sur sa femme.

Les amants se retrouvaient en bien mauvaise posture. L'alibi marital envolé, la baronne ne pouvait demeurer auprès de Louis-Henri-Joseph. Le roi venait de les informer que Sophie ne serait plus reçue à la Cour et les portes des salons du Faubourg Saint-Germain claquèrent immédiatement au nez de la baronne. Sophie, pour sauver les apparences, déménagea au 25, rue de la Ville-l'Évêque, dans le quartier de l'église de la Madeleine. À cette adresse vivait sa mère qu'elle avait fait venir d'Angleterre quelque temps auparavant.

L'honneur bafoué d'Adrien-Victor avait un prix qu'il s'empressa de communiquer à Sophie. Il acceptait la séparation de corps moyennant le partage de sa fortune. Sophie n'était pas femme à laisser échapper sa bourse. Elle contre-attaqua et transféra ses biens en Angleterre, loin de l'avidité de son époux.

Fatiguée par le scandale et les tracas, elle s'octroya des vacances, en compagnie du comte de Choulot et de sa femme Élisabeth. Le trio partit pour Aix-en-Provence puis pour l'Italie, comptant sur le duc de Bourbon pour régler les factures. Le voyage fut idyllique à défaut d'être vertueux. Car Sophie était tombée dans les bras du comte de Choulot qui brûlait d'amour pour la jeune anglaise. La liaison ne gâchait point l'atmosphère, puisque Élisabeth, non seulement avait donné son consentement aux amoureux, mais les rabibochaient après leurs petites querelles. Sophie Dawes revint à Paris radieuse et reposée.

Puisque les apparences ne pouvaient être sauvegardées, le duc de Bourbon et sa maîtresse décidèrent de vivre leur liaison au grand jour. À cette annonce, Adelaïde de Rully et son mari, qui occupaient des appartements dans le château de Chantilly, avaient immédiatement fait leurs valises afin de ne pas vivre sous le même toit que « cette abominable Mme de Feuchères ».

La place désertée par ses opposants, Sophie régna sans partage sur le Palais-Bourbon, le château de Chantilly et celui de Saint-Leu, une propriété récemment acquise par le duc. Malheur à celui, simple domestique ou invité de marque, qui osait contrarier les désirs de madame. Elle vivait sur un grand pied et se fit offrir par son amant les propriétés de Saint-Leu et de Boissy, ne perdant jamais une occasion d'arrondir sa cassette personnelle. Généreuse avec sa famille, elle avait fait venir d'Angleterre son neveu James et sa nièce Mathilde. Pendant qu'elle régentait la maisonnée, le duc chassait et s'en remettait à sa maîtresse pour des plaisirs plus charnels. Quant à ceux de madame, le comte de Choulot, s'il gardait sa préférence, n'était plus le seul à discrètement y pourvoir. La main mise de la baronne sur l'existence du duc de Bourbon convenait parfaitement à ce dernier, le débarrassant de ses ennuyeuses obligations.

La seule ombre au tableau était la mise au ban de la société de Sophie. Sa première biographe[1], Violette Montaigu, illustra la situation avec l'anecdote suivante. La baronne avait réservé une loge au théâtre, mais le public, reconnaissant en la spectatrice la maîtresse du duc de Bourbon, fit un tel tapage, sifflant et huant, qu'elle se retira discrètement dans le couloir. Elle tenta de se rasseoir

1. L'ouvrage date de 1912.

Odinette de Champdivers, maîtresse dévouée de Charles VI dit le fol.
Edouard Zier, 1880, huile sur toile. Musée Baron Martin, Gray.

Roxelane la rieuse, l'esclave qui charma Süleyman le magnifique au XVIe siècle.

Anonyme, XVIIIe siècle.

Musée de Topkapi, Istanbul, Turquie.

Sophie de Monnier, qui paya chèrement sa passion pour le comte de Mirabeau au XVIIIe *siècle.*
Anonyme, XIXe siècle. The Print Collector, Londres.

)lympe Mancini (au centre) représentée avec ses deux sœurs,
Iortense et Marie (à droite), sa rivale dans le cœur du roi Louis XIV.
cole française du XVIIe siècle. Musée du Petit-Palais, Paris.

Portrait de Sophie Dawes, baronne de Feuchères, en costume de chasse, à l'époque où elle fut accusée d'avoir assassiné son amant, le duc de Bourbon.
Alexis Valbrun, 1830. Musée Condé, Chantilly.

Virginia Oldoïni, comtesse Castiglione, dans les derniers feux de sa beauté.
Photographie de Louis Pierson & Mayer, 1865.
Coll. privée milanaise.

La comtesse Castiglione, recluse et oubliée, n'est plus qu'une ombre noire arpentantP aris.
Jacques-Émile Blanche, 1885, huile sur toile.
Musée Carnavalet, Paris.

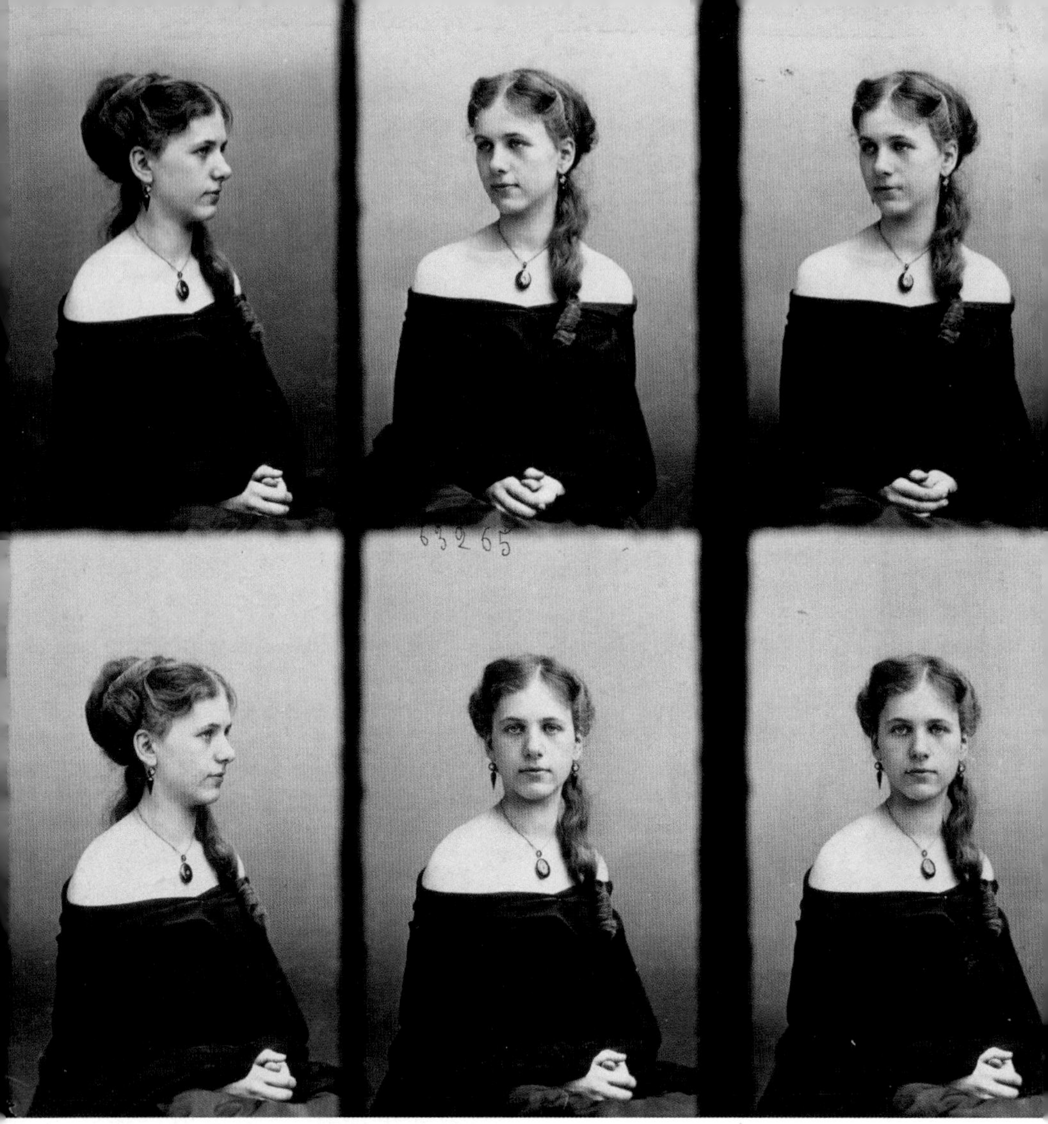

CatherineD olgorouki,
l'année de sa rencontre
avec le tsar Alexandre II.
Photographie d'André Disdéri,
1865. Musée d'Orsay, Paris.

Mileva Marić, la première femme d'Albert Einstein, entourée de leurs fils, Edouard et Hans-Albert.
Photographie du fond Albert Einstein, 1914. Université hébraïque de Jérusalem, Israël.

Jeanne Amélie Marguerite Clérisse, dite Marga, âgée de 17 ans, lors de son mariage avec Pierre d'Andurain en 1911.
Photographie, collection particulière « Julie d'Andurain ».

Hedy Lamarr, l'actrice autrichienne devenue une gloire d'Hollywood et surnommée la plus belle femme du monde.
Photographie de 1940.

Nadine Vaujour, la fille de l'air, lors de son premier mariage à 17 ans en 1971.
Album de famille.

une fois la pièce commencée, mais dès que sa silhouette reparut dans la loge, elle fut en butte à un nouveau chahut et dut définitivement renoncer à assister au spectacle. Et malgré le décès de Louis XVIII et l'accession au trône de Charles X, elle était toujours bannie de la Cour.

Pourtant, Sophie, dont les intrigues avaient été jusqu'à présent circonscrites au périmètre des alcôves, était sur le point de découvrir le charme de la politique.

En 1825, Charles-Maurice de Talleyrand-Périgord, dit Talleyrand, qui avait occupé des postes de pouvoir sous les différents régimes qui s'étaient succédé en France, n'avait pas réussi à s'attirer les faveurs de Louis XVIII et de son successeur Charles X. À soixante et onze ans, le vieux briscard n'entendait pas renoncer à la politique. Un des obstacles à son retour en grâce était son implication dans l'exécution du duc d'Enghien, le fils de Louis-Henri-Joseph, en 1804. Il imagina se blanchir de cette accusation auprès du principal intéressé, le duc de Bourbon, par l'intermédiaire de sa maîtresse, la baronne de Feuchères. Sophie accepta volontiers de jouer le jeu : elle avait compris que les ambitions du vieil homme servaient aussi les siennes. Une fois Talleyrand réhabilité aux yeux du duc de Bourbon, il sut rendre la pareille à sa bienfaitrice, qui souhaitait marier sa nièce, Mathilde, avec Frédéric de Chabannes, futur marquis de La Palice. Cousin de l'illustre famille, Talleyrand fit pression pour lever l'obstacle représenté par les origines misérables de la nièce de la baronne. La dot acheva d'étouffer les protestations et on maria les tourtereaux en 1827. Le duo, enhardi par ces succès, s'attaqua à un projet des plus ambitieux.

Louis-Henri-Joseph était veuf sans héritier. Son neveu, le duc d'Orléans, convoitait le titre et surtout la fortune de son oncle, mais ce dernier tardait à finaliser un testament en sa faveur ; Talleyrand et Sophie se firent fort d'obtenir l'adoption du fils du duc d'Orléans, le petit duc d'Aumale, âgé de cinq ans. Le prix à payer pour ces entremetteurs était la réhabilitation à la Cour de la baronne et l'assurance que le pouvoir n'oublierait pas son ancien serviteur.

Mais le duc de Bourbon, *the best and dearest friend,* le meilleur et le plus cher ami ainsi que l'appelait régulièrement Sophie dans ses courriers (rédigés en français hormis cette expression), traînait des pieds, réticent selon son habitude à prendre des décisions importantes. Son tempérament indécis s'aggravait avec l'âge. En 1829, puisque le duc lambinait toujours à signer l'acte d'adoption et le testament, Sophie lui força la main. S'il n'adoptait pas le duc d'Aumale, elle le quittait.

L'éventualité du départ de la baronne affola Louis-Henri-Joseph qui ne pouvait plus se passer d'elle. Le mois d'août consacra une double victoire inespérée pour Sophie : d'une part, le duc de Bourbon avait obtempéré et signé le testament, et, d'autre part, ses avocats l'informèrent que la séparation de corps avec son mari venait d'être prononcée aux torts exclusifs de celui-ci. Le 7 février 1827, Sophie fut reçue de nouveau à la Cour. Son bonheur était complet.

Il ne dura que trois ans.

En 1830, la révolution de juillet renversa de son trône Charles X pour y installer Louis-Philippe d'Orléans.

Cloîtré dans sa propriété de Saint-Leu, le duc de Bourbon était désespéré d'avoir à prendre parti. Les légitimistes le pressaient de suivre Charles X en exil. La baronne lui conseillait une adhésion sans réserve au duc d'Orléans. Il se rallia finalement au nouveau régime. Toutefois, son entourage avait remarqué combien cette agitation politique avait lourdement pesé sur le moral du duc, vieil homme fatigué de soixante-quatorze ans. Pour ajouter à sa détresse, les liens qui l'unissaient à la baronne se relâchaient. Il fuyait comme d'habitude les mondanités, tandis que Sophie, qui avait pris sa revanche sur les salons du Faubourg Saint-Germain ne refusait aucune invitation parisienne.

Le 27 août 1830, le valet de chambre du duc de Bourbon, Lecomte, trouva la porte de son maître verrouillée. Ses coups demeurant sans réponse, il finit par réveiller la baronne de Feuchères. Craignant un malaise, elle donna l'ordre de faire enfoncer la porte. Outre Sophie et Lecomte, étaient présents le chirurgien qui dispensait des soins au duc, l'abbé Briand (secrétaire de la baronne) et deux autres domestiques. Un triste tableau les attendait. Dans la pièce, plongée dans la pénombre, le corps du duc était suspendu à l'espagnolette de la fenêtre par deux mouchoirs, passés l'un dans l'autre. Les genoux étaient à demi ployés, les pointes des pieds touchant le tapis.

Sophie, retenue par un domestique, afin de ne pas souffrir d'un tel spectacle, se laissa tomber sur un fauteuil, accablée. On lui reprochera cependant, plus tard, lors du procès, de ne pas avoir manifesté un chagrin plus vif.

Dans la matinée, un premier procès-verbal fut établi par le maire de Saint-Leu, un conseiller municipal et le médecin de la localité. Le certificat médical statuait que la strangulation était la cause du décès. La thèse du suicide fut rapidement retenue. Le nouveau roi, Louis-Philippe d'Orléans, fut immédiatement informé du drame. Il dépêcha trois de ses médecins pour pratiquer une autopsie, confirmant la mort par strangulation volontaire.

Le 7 septembre 1830, une ordonnance de non-lieu sera rendue : « Attendu qu'il résulte de l'information que la mort du prince de Condé a été volontaire et le résultat d'un suicide, aucun coupable n'est à rechercher. »

Dès la fin août, Sophie avait regagné le Palais-Bourbon. La lecture du testament avait provoqué des surprises désagréables pour l'entourage du duc. Le fils du roi était institué légataire universel, ainsi qu'il en avait été convenu, et Sophie récoltait une bonne part de l'héritage, ce que le duc d'Orléans ne souhaitait pas lui contester. Après tout, sa famille lui était redevable d'avoir hérité des biens du prince de Condé. Contrairement aux usages, l'entourage du duc de Bourbon, domestiques et officiers, ne recevait aucune gratification.

L'opposition légitimiste s'empara du scandale qui entachait la mort de Louis-Henri-Joseph pour flétrir le nouveau régime. « Un Condé ne se suicide pas. » Le doute profitait aux partisans de Charles X, mais aussi aux cousins germains du duc de Bourbon, Les Rohan-Guéménée, furieux d'avoir été écartés de la manne successorale. On attisa l'opinion publique par une brochure publiée anonymement qui parlait d'assassinat, obligeant la magistrature à rouvrir le dossier.

Pendant quatre mois, une centaine de témoins défilèrent, tous à charge pour la baronne. Sophie, « tant aimée de Monseigneur sur qui elle exerçait un pouvoir absolu », selon un domestique, était peinte sous les couleurs sombres d'une horrible mégère tyrannique, vulgaire, brutale, abusant de la bouteille et ne répugnant pas à maltraiter physiquement un vieillard. La police démontra qu'obtenir que le verrou fût fermé de l'intérieur au moyen d'un lacet était un jeu d'enfant. L'accusation rappela que le duc de Bourbon, blessé à la main en 1793, n'aurait pu faire lui-même les nœuds du mouchoir. Quant au mobile probable du crime, puisque les ennemis de la baronne l'accusaient de meurtre, on supputa que le duc songeait à modifier le testament qui avantageait honteusement la famille d'Orléans et Sophie.

Loin de se laisser abattre par ce déferlement de haine à son encontre, Sophie réfuta un à un les témoignages qui l'accablaient.

Le 21 juin 1831, après deux heures de délibération à huis clos, la commission « considérant qu'il n'était pas établi que la mort de son Altesse royale le duc de Bourbon, prince de Condé, fut le résultat d'un crime, déclara qu'il n'y avait pas lieu à suivre ». Le procès pénal était clos. La famille Rohan-Gueménée fut déboutée de toutes ses demandes au procès civil qui s'ensuivit.

Aujourd'hui encore, le débat divise les historiens sur ce qui s'était véritablement passé cette nuit-là au château de Saint-Leu. La thèse la plus communément admise reste le jeu sexuel qui aurait mal tourné. Le duc de Bourbon vieillissant aurait eu recours à une asphyxie érotique pour stimuler sa virilité. Ce qui impliquerait la présence de la baronne dans la chambre au moment du décès. Aurait-elle pu dénouer les mouchoirs à temps ? Ou bien a-t-elle au contraire laissé mourir un vieil amant radoteur, à présent inutile puisqu'elle était à l'abri du besoin ?

Sophie était lavée de tout soupçon sur le décès suspect du prince de Condé et sur la captation d'héritage. Mais elle était devenue une pestiférée que plus personne ne désirait fréquenter. Ses propriétés de Saint-Leu, Boissy, Enghien, Écouen, Montmorency et Mortefontaine ne recevaient que peu de visiteurs. Elle avait conservé par disposition testamentaire le droit d'habiter le Palais-Bourbon, mais sa présence n'y était évidemment pas souhaitée.

Sa seule consolation résidait dans l'éducation de sa nièce, Sophie Thanaron, née en 1832. La mère de l'enfant était sa sœur Charlotte. Elle avait épousé un capitaine français mais, atteinte de folie, elle était dans l'incapacité d'élever sa fille.

Progressivement, Sophie se débarrassa de ses châteaux français. En 1835, elle vendit le lieu du drame, le château de Saint-Leu. Le propriétaire suivant le démolit et morcela le domaine en lotissement. Et en 1844, une croix fut érigée sur l'emplacement où s'ouvrait la fenêtre où le prince de Condé fut retrouvé pendu.

En 1837, Jane Callaway, la mère de la baronne, exprima le désir de revenir en Angleterre. Sophie acquit une demeure à Londres, au 5 Hyde Park Square, et se rendit également propriétaire de Bure Hommage, à Christchurch, dans le comté du Dorset, sur la côte sud du pays.

Depuis la résidence, une longue avenue bordée d'arbres plongeait vers la mer. Elle y fit exécuter quelques travaux pour donner une allure française à l'ensemble architectural, ajoutant des colonnes de style corinthien. Elle y vivait en 1839, lorsque sa santé l'inquiéta et la contraignit à regagner Londres pour y consulter un médecin. Elle mourut brutalement le 15 décembre 1840 à l'âge de quarante-huit ans.

Les dix années écoulées entre la mort du duc et la sienne n'avaient guère écorné son immense fortune. Son testament, mal formulé, qui léguait ses biens à sa nièce Sophie Thanaron, fut contesté par sa famille, y compris le mari, le baron de Feuchères, dont on n'avait plus entendu parler depuis la séparation de corps en 1829. Promu général, chef militaire pendant plusieurs années de la subdivision du Gard, il considérait Nîmes comme sa seconde patrie[1]. Il se dépouilla volontairement de sa part de l'héritage de sa femme au profit d'œuvres de bienfaisance de la région, refusant, disait-il, de bénéficier du « salaire du vice ».

1. La ville, reconnaissante, donnera son nom à l'avenue, percée en 1842, qui relie l'esplanade à la gare. Un homonyme du baron, le Nîmois Léon Feuchère, construisit en 1855 la préfecture, au 10 de cette avenue.

La belle des belles

Virginia Oldoïni, comtesse de Castiglione

Tout le jour, derrière les volets hermétiquement clos, allongée sur son lit, enveloppée dans un vieux peignoir porté à même la peau, elle attendait l'heure où Paris se noierait dans une pénombre salvatrice. Elle écoutait, annonçant l'approche de la nuit, les pas des allumeurs de réverbères résonnant sur le pavé, enflammant les becs de gaz de la place Vendôme où elle logeait. Puis elle s'enveloppait dans un épais manteau noir, posait un curieux chapeau sur ses cheveux grisonnants et voilait son visage d'une mousseline sombre. Elle aurait été en peine de juger son allure singulière et démodée, ayant depuis longtemps remisé miroirs et psychés qui clamaient l'affreuse vérité. Elle quittait alors son appartement, situé à l'entresol de l'immeuble, précédée de ses chiens, deux grosses boules graisseuses et répugnantes à force de manquer d'exercice et d'être gavées de sucreries. Au bas de l'escalier, une fois franchie la porte de fer installée selon ses volontés, l'étrange ombre noire se glissait hors du 26 de la place

Vendôme par une entrée, aménagée spécialement à son usage.

C'est lors d'une de ses promenades vespérales, aux alentours de 1882, que sa silhouette bizarre attira l'attention de passants qui reconnurent en elle l'ancienne « Belle des Belles », l'excentrique et énigmatique Virginia Verasis, comtesse de Castiglione, qui se vantait d'avoir « fait l'Italie ». Mais la superbe et resplendissante créature qui avait fait tourner la tête de Napoléon III et brisé plus d'un cœur, n'était plus, selon les souvenirs laissés par un jeune contemporain[1] croisant son chemin, qu'une femme d'environ quarante-cinq ans, empâtée, prématurément vieillie qui se considérait elle-même comme « laide à faire peur ». Tout au plus, ce passant distinguait encore, au travers de l'épaisseur du voile, l'ovale régulier du visage, épargné par l'outrage du temps. Néanmoins, prévenu de son tempérament irascible et hautain, le jeune homme se garda de troubler l'errance nocturne de la mystérieuse promeneuse.

Chiens et comtesse regagnaient ensuite le logis où elle vivait recluse depuis 1879. Pendant les quinze années où l'entresol de la place Vendôme fut sa demeure, sa porte ne s'entrouvrit que très rarement à d'anciens amis qui s'effrayaient des murs peints en noir, des draps de soie du même ton qui couvraient le lit, du capharnaüm et de la saleté qui régnaient dans la chambre de Virginia, les chiens se soulageant sur le canapé.

1. Ferdinand Bac, *Intimités du Second Empire, la Cour et la ville d'après des documents contemporains*, 1931.

Malheureusement pour elle, le joaillier Boucheron, acquéreur du rez-de-chaussée, lorgnait sur l'entresol pour y installer au mieux son commerce. Le bail de la comtesse ne fut pas renouvelé et, en janvier 1894, Virginia échoua dans un triste petit appartement de la rue Cambon, proche de son ancienne adresse, au-dessus du restaurant qui lui livrait habituellement ses repas. Lorsqu'un de ses rares fidèles s'émut de la savoir aussi mal logée, la comtesse balaya toute velléité de chercher mieux ailleurs. À quoi bon ? « Il est trop tard pour recommencer à vivre, lorsqu'on a déjà commencé à mourir », avoua-t-elle à son vieil ami, résumant en une phrase douloureuse le renoncement devenu le sien.

Pourtant Virginia était née dans la lumière, celle qui illumine magnifiquement la Toscane. Fille unique du couple désuni formé par le marquis et la marquise Oldoïni, elle vit le jour le 22 mars 1837 à Florence. Mais Virginia, surnommée Nicchia[1] ou Niny, prit soin, en construisant sa légende, de se rajeunir, plaçant sa date de naissance entre 1840 et 1843 et leurrant ainsi nombre de chroniqueurs ou d'historiens ! La petite Nicchia fut élevée à La Spezia où son père possédait des propriétés. Le projet de construction de l'Arsenal militaire qui ferait de ce modeste port de la Ligurie la plus importante base navale du pays ne prendrait corps que bien plus tard, en 1862. Le seul titre de gloire du lumineux petit paradis, entre

1. Abréviation de la forme affectueuse Virginicchia. Se prononce Nikkia.

mer et montagne, était d'avoir recueilli sur ses plages le corps déchiqueté par les crabes de l'époux de l'auteur de *Frankenstein* et ami de Lord Byron, l'écrivain anglais Percy Shelly dont la barque avait sombré en mer.

Les promenades sous les citronniers, dans un air embaumé par le jasmin, s'interrompaient fréquemment pour de longs séjours à Florence où Nicchia se morfondait dans le *Palazzo* de son grand-père maternel qui tenait à veiller sur son éducation. Elle prit rapidement l'habitude, conservée toute sa vie, de tenir son journal intime, consignant par le menu ses faits et gestes, fournissant à ses biographes une matière extraordinaire pour reconstituer son étonnant parcours, mais également pour comprendre l'évolution psychologique qui conduira une jeune beauté à éblouir l'Europe avant de sombrer dans un état mental proche de la folie.

Les Oldoïni recevaient bien évidemment la bonne société, dont un diplomate anglais et sa femme, lord et lady Holland qui, en plus de s'émerveiller de la facilité qu'avait Virginia à assimiler la langue de Shakespeare à leur contact, noueront des liens durables avec la jeune femme. Nicchia voyait également son cousin, Camille Benso, comte de Cavour, de vingt-sept ans son aîné. Celui qui affirmera qu'il ne pouvait songer au mariage, trop occupé à faire l'Italie, se souviendra en temps et en heure de sa fort jolie cousine pour servir ses affaires. Car Nicchia était née en pleine expansion d'un mouvement intellectuel et politique, le *Risorgimento*, soutenu par la bourgeoisie et les aristocrates. Cette résurrection, redressement ou renaissance, traduction du mot italien, exprimait la volonté d'unir en un État libre et indépendant la mosaïque de royaumes qui couvrait alors la péninsule italienne, retrouvant ainsi la splendeur passée. Le député Cavour, entré dès 1850 dans le gouvernement de la Maison de Savoie et du Piémont, avec le jeune roi Vittorio Emanuele à sa tête, en était l'un des chefs de file.

Toutefois, à cette époque, Nicchia avait bien d'autres préoccupations que l'unification de l'Italie. Un prétendant sérieux et excellent parti, le comte François Verasis de Castiglione, venait de demander sa main. La légende raconte que le jeune homme de vingt-huit ans, veuf et riche, était parti en Angleterre rechercher une nouvelle épouse. Lors d'une soirée, l'ambassadeur de France, le comte Walewski, lui aurait alors conseillé de retourner immédiatement en Italie afin de se présenter auprès de la marquise d'Oldoïni et de succomber au charme de la plus jolie femme d'Europe : sa fille Virginia.

Malgré les démentis qu'elle opposera plus tard en affirmant qu'elle avait été contrainte au mariage, Nicchia se lança avec ardeur dans l'affaire essentielle que représentaient les épousailles pour une jeune fille de la haute société. Même si l'affection qu'elle porta à son mari fut de courte durée, elle exista. Le mariage, célébré le 9 janvier 1854, alors qu'elle n'avait que dix-sept ans, lui ouvrait les portes d'une existence qui promettait plus de réjouissances et de mondanités que sa vie actuelle. Son mari, employé comme gentilhomme de la reine de la Maison de Savoie et du Piémont, la conduisit à Turin, dans la belle demeure qui lui appartenait, tout comme le château médiéval de Costigliole, près d'Asti, à une cinquantaine de kilomètres de la ville. Il présenta sa jolie épouse à la Cour et elle y obtint un succès éclatant. La marquise d'Azeglio en témoigna, écrivant à son fils que « la comtesse de Castiglione a eu un début mirobolant à Turin. On courait pour la voir, on faisait foule sous la loge, on se pâmait, enfin c'était un événement ». Car la beauté de la jeune Nicchia faisait l'admiration de tous. Les mauvaises langues susurraient que c'était bien là son unique atout, n'étant ni spirituelle ni aimable. Les bruits se répandirent rapidement qu'elle menait la vie dure au pauvre François qui dépensait sans compter pour lui plaire, tandis qu'elle boudait ou se mettait en colère. Le roi de Piémont et Sardaigne, Vittorio Emanuele, remarqua également l'extraordinaire beauté de Nicchia. Ce grand séducteur, qui trompait ouvertement la reine Adelaïde avec une fille de tambour-major (qu'il épousera d'ailleurs morganatiquement après le décès de sa femme), n'était pas homme à ignorer une beauté lorsqu'elle passait à sa portée !

Cette vie délicieuse, remplie d'hommages masculins cessa avec la grossesse de Nicchia, dès l'été suivant son mariage. Souffrant de nausées, fatiguée, furieuse de constater que son corps s'arrondissait et perdait de sa grâce, la comtesse s'était exilée dans le château de Costigliole, comptant les jours avant sa délivrance. Malgré les nombreux invités qui faisaient la route pour rendre visite au jeune couple et les aménagements somptueux que François avait fait réaliser pour rendre le château confortable, Virginia s'ennuyait. La situation empira après la naissance de son fils, Georges, le 9 mars 1855.

La scène politique avait vidé Turin de nombres jeunes gens, engagés dans l'armée sarde pour combattre en Crimée. Quant à la Cour, elle était déserte depuis que le roi Vittorio Emanuele avait perdu successivement sa mère, sa femme et son frère.

Nicchia espaça puis cessa définitivement toute relation sexuelle avec son mari, malgré les exhortations de sa mère, la marquise Oldoïni, pour qui l'acte conjugal avait toujours été une corvée, mais qui la suppliait néanmoins « d'être bonne, très bonne » avec son époux. La très jeune femme était mûre pour pimenter son existence d'une aventure.

L'heureux élu fut Ambroglio Doria, qu'elle connaissait depuis l'enfance, qui s'appliquait avec constance à être présent auprès de Nicchia jusqu'à ce qu'elle consentît à s'abandonner dans ses bras. Le piquant de l'histoire fut qu'elle séduisit également les deux frères d'Ambroglio, Marcello et Andrea, lors d'un séjour à La Spezia, sans pour autant leur accorder toutes ses faveurs. Car Nicchia pratiqua très tôt une politique amoureuse qui fit sa réputation. Accueillant les hommages puis les repoussant, tour à tour charmante et hautaine, ardente et colérique, dominant le soupirant qui n'avait d'autre recours que de l'idolâtrer dans l'attente d'obtenir plus qu'un simple baiser ou une caresse. Très rares furent ceux qui réussirent à prendre d'assaut cette forteresse glaciale, imbue de sa beauté, sans avoir au préalable souffert du jeu cruel de la belle Italienne. Femme fatale avant l'heure, elle fit ses premières armes sur ses chevaliers servants avant de s'attaquer à de plus gros gibiers.

Un roi et un empereur étaient les prochains à épingler sur son tableau de chasse.

Rapidement, les visites clandestines de Doria ne l'amusèrent plus et Nicchia ne goûtait guère aux joies supposées de la maternité. La vie s'étirait, mortellement ennuyeuse. Brusquement, la jeune femme de dix-neuf ans, qui décrivait laconiquement dans son journal depuis son retour à Turin la monotonie de ses journées, retrouva une soudaine gaieté. Elle devait son nouvel allant aux visites régulières de son oncle, le général Cigala, aide de camp du roi. Le vendredi 16 novembre 1855, indifférente à la triste grisaille d'une pluie automnale, Nicchia se prépara pour le mystérieux rendez-vous annoncé par Cigala. François, retenu à Milan, n'était pas dans ses pattes pour la gêner. Doria n'était pas convié. Soigneusement apprêtée, le soir venu, elle verrouilla toutes les portes, ne laissant que celle du jardin ouverte pour laisser passage à un homme qui n'était autre que le roi de Piémont et Sardaigne.

Cavour avait certainement soufflé à son royal employeur le nom de sa belle cousine pour remplir la délicate mission d'intéresser – au plus près – Napoléon III à la cause italienne. Le coup d'État du 2 décembre, qui avait permis l'avènement de l'ancien président au trône d'empereur, avait été salué en Italie et avait suscité les espoirs d'un soutien français pour l'unification du pays. Le roi et Cavour, connaissant le goût de Napoléon III pour les jolies femmes, avaient songé à Nicchia, en tant qu'émissaire de charme. Il est illusoire d'imaginer que les deux hommes comptaient sur la comtesse pour bouleverser à elle seule l'histoire de l'Europe ! Mais, déterminés à avancer chaque pion, aussi modeste soit-il, sur l'échiquier politique du *Risorgimento,* les attraits de Nicchia et une possible influence positive sur Napoléon III n'étaient pas à négliger.

Cavour communiqua à Rattazzi, ministre des Affaires étrangères du Piémont, le 22 février 1856, qu'il avait « stimulé le patriotisme de la *bellissima* Castiglione, afin qu'elle séduise l'Empereur ». Le cousin de la comtesse se trompait assurément en se persuadant que seule la fibre patriotique avait vibré en acceptant la délicate mission ! La jeune femme y voyait le moyen de s'échapper d'une existence condamnée à la monotonie pour aller s'étourdir dans le Paris du Second Empire qui renouait avec ses fastes d'antan.

On lui remit un livre de chiffres pour communiquer avec la Maison de Savoie, ce qui ne pouvait que ravir Nicchia qui professait un plaisir certain à coder ses propres écrits. Elle utilisait depuis longtemps un système assez puéril, dans son journal, pour décrire l'avancée de ses amours, barrant les lettres *b*, *bx* et *f*, selon qu'elle avait accepté baisers, caresses ou bien plus. Elle en viendra ensuite à chiffrer des phrases entières.

Cavour prépara l'arrivée de la comtesse à Paris comme un impresario annonce la venue de sa vedette. Accompagnant le roi en visite dans la capitale française il n'hésitait pas à louer sa beauté dans les conversations afin de susciter la curiosité sur la Piémontaise.

Restait à convaincre le pauvre François d'aller à Paris. Le comte de Castiglione, éloigné du lit conjugal, ne se savait pas cocu, non seulement par Doria, l'ami d'enfance, et le comte Bentivoglio, mais aussi par le roi qui, de retour de Paris, avait tenté sa chance, avec succès, auprès de Virginia. Il s'inquiétait pour les finances du couple, déjà malmenées par les dépenses turinoises, et ne comprenait pas pourquoi Nicchia l'entraînait en France. Mais il se plia à ses volontés, et janvier 1856 l'intronisa parisienne.

Le couple et Baby, surnom de Georges, s'installèrent au numéro 10 de la rue Castiglione. Le nom évoquait une victoire de Napoléon 1er et non la famille de François, mais qu'importait, le début était prometteur. L'appartement où elle déposa ses nombreuses malles était situé à quelques mètres des Tuileries, résidence impériale où Nicchia comptait bien prochainement être invitée.

Le faste et l'élégance renaissaient sous le Second Empire. Jamais autant de bals et de divertissements ne furent donnés, permettant à la jeune débutante italienne de dévoiler la plus incroyable facette de son talent, celle de se mettre en scène. « Statue vivante », pour reprendre l'expression d'un de ses contemporains, Nicchia préparait ses entrées dans le monde telle une comédienne avertie avant de paraître sur scène, costumée et maquillée. La belle comtesse excellait à se donner en représentation dans une époque qui faisait la part belle aux bals masqués et aux tableaux vivants. Elle était capable de mettre tout Paris sens dessus dessous pour dénicher le tissu qui conviendrait parfaitement au personnage qu'elle comptait incarner lors d'une fête. Ses apparitions étaient calculées pour produire l'effet désiré, et elle se permettait d'oublier les règles protocolaires ou de bienséance afin d'arriver le plus tard possible et retenir toute l'attention voulue.

Au début du règne de la Castiglione, le public aristocratique, favorablement prévenu par Cavour de l'arrivée d'une beauté, se plia avec plaisir à ce nouveau jeu, car, ainsi que le soulignait Stéphanie Philippine de Tascher de la Pagerie dans ses mémoires[1] : « Si l'on n'a pas à signaler l'apparition d'une étoile nouvelle, rien ne ressemble plus à un bal qu'un autre bal. » Et l'astre de la comtesse brilla immédiatement de mille feux. Sa beauté fut louée avec plus de force qu'elle ne l'avait été dans sa patrie. La comtesse de Tascher de la Pagerie qui rapporta qu'elle « avait su justifier [l'extraordinaire réputation faite par son cousin] de telle façon qu'elle n'avait qu'à paraître pour que tous les regards se fixassent sur elle ».

Deux mois après son arrivée, Virginia était la reine incontestée de la saison[2]. Les hommes étaient séduits par son étonnante beauté de statue antique, les femmes agacées par ses manières de poseuse et son antipathie affichée pour les personnes de son sexe. N'annota-t-elle pas avec aplomb une de ses photographies avec la mention : « Je les égale par ma naissance. Je les surpasse par ma beauté. Je les juge par mon esprit. »

---

1. *Mon séjour aux Tuileries*, Paris, Ollendorff, 1894 et 1895.

2. Nicchia avait un homonyme, la duchesse de Castiglione Colonna qui la détestait cordialement. D'origine suisse, lancée dans la vie parisienne à la même époque, sculptrice et bohème, elle se vengeait avec esprit de l'affront que l'aboyeur chargé d'annoncer les invités lui faisait régulièrement en se trompant de Castiglione. « Annoncez la laide », lui intimait-elle alors.

Nicchia avait immédiatement saisi que le nouvel art qu'était la photographie était le vecteur idéal pour satisfaire l'obsession qu'elle avait de se mettre en scène et conserver la trace de son exceptionnelle beauté. À partir de juillet 1856, elle prit l'habitude de se rendre à l'atelier Mayer & Pierson pour prendre la pose. Plus de quatre cent cinquante clichés, réservés pratiquement à son seul usage, témoigneront ainsi de ses triomphes et de sa déchéance[1].

Tandis que Nicchia courait toutes les réceptions, le pauvre François, amoureux et aveugle, souvent mis à l'écart, s'affolait en tenant son registre de comptes. Vivre sur un tel pied le ruinait et il suppliait Virginia de rentrer en Italie. Quant à Cavour, il rappela impérativement la mission de la comtesse en lui expédiant un courrier où il la conjurait de réussir : « Réussissez ma cousine, par les moyens qu'il vous plaira, mais réussissez. »

La belle comtesse avait su sans difficulté attirer l'attention de l'Empereur. Son journal intime soulignait que Napoléon III n'hésitait jamais à causer avec la Florentine lors des réceptions. Elle tenait informé Cavour des attentions impériales et continuait d'étonner les Parisiens par ses toilettes extravagantes et recherchées qui saignaient à

1. Le comte Robert de Montesquiou (1855-1921), célèbre dandy, poète et adorateur d'une femme qu'il n'avait jamais rencontrée de son vivant, se portera acquéreur de la quasi-totalité des photographies de la comtesse, ainsi que d'un nombre incalculable d'objets lui ayant appartenu, transformant son hôtel particulier en musée de la Castiglione et lui consacrant une biographie.

blanc les finances de son époux ! Son cousin redoublait de zèle pour obtenir un soutien de la France, d'autant plus que la naissance du fils de Napoléon III semblait renforcer l'Empire.

Le 25 juin 1856, lovée dans la bonbonnière toute « emmousselinée de rose, jusques aux cadres, et jusqu'aux pendules embobelinées et enrubannées » qu'était sa chambre, Nicchia reçut une lettre qui changea sa destinée.

L'impératrice Eugénie la conviait à Villeneuve-l'Étang, petit château acquis par l'Empereur, où elle fut « priée d'y aller en robe montante et en chapeau parce qu'on se promènera sur le lac ». La *bellissima* n'en avait cure et préféra une robe de mousseline transparente et un chapeau garni d'une auréole de marabouts blancs, qui comprimait fort mal son opulente chevelure. Une délicieuse apparition à laquelle l'Empereur quinquagénaire résista mollement. Virginia, selon les dires du fielleux comte Viel-Castel, « s'égara longtemps dans une île placée au milieu du petit lac avec l'Empereur ; elle est revenue dit-on un peu chiffonnée et l'impératrice a laissé voir quelque dépit ». La date exacte du début de la liaison qu'entretint Napoléon avec la belle Italienne est restée secrète, mais il est certain que sur le lac de Villeneuve-l'Étang, Nicchia avait ferré son poisson. La consécration lui parvint avec une deuxième invitation, cette fois-ci à Compiègne, une autre villégiature impériale. L'accepter, c'était se soumettre à un assaut d'élégance dont les dépenses avaleraient le peu de revenus encore à la disposition du couple. Compiègne fut l'occasion de mesurer les sentiments qu'elle inspirait à l'Empereur et s'attirer l'animosité de tous les autres invités. La princesse de Metternich, quoique « pétrifiée devant ce miracle de beauté » la stigmatisa car « fort peu aimable pour les femmes ».

L'hiver 1856-1857 marqua l'apogée de la comtesse au sein de la société parisienne. Devenue maîtresse de l'Empereur, elle savourait le double plaisir de régner dans les bals et de jouer un rôle politique en informant le roi Vittorio Emanuele et son cousin Cavour de sa liaison. Elle déménagea au 28 de l'avenue Montaigne où son rêve se brisa un soir d'avril 1857.

Profitant d'une absence de François, l'Empereur était venu rendre visite à sa belle hétaïre. Sur le coup des trois heures du matin, il regagna le coupé qui l'attendait discrètement au bas de l'immeuble lorsque trois hommes firent irruption, tentant de saisir les rênes des chevaux que le cocher, dans une grande présence d'esprit, lança au galop. Les conspirateurs arrêtés se révélèrent proches de Mazzini, meneur de la branche radicale et insurrectionnelle du *Risorgimento*. Évincé de la scène politique italienne depuis 1848, il poursuivait, en exil, la lutte pour l'unification italienne. La France l'accusa d'avoir fomenté ce complot pour tuer l'Empereur. Il était excessivement fâcheux que l'attentat se soit déroulé sous les fenêtres d'une comtesse italienne, cousine de Cavour, autre figure de proue du *Risorgimento*, prêtant ainsi le flanc à des suspicions gênantes quant à son rôle dans cette affaire. Nicchia partit pour Londres avec Baby chez ses amis, lord et lady Holland. François regagna l'Italie, officiellement rappelé provisoirement, mais en fait déterminé à se séparer de sa femme[1].

Lorsqu'elle revint en France, Nicchia fut conviée une nouvelle fois à Compiègne en octobre 1857. L'accueil de Napoléon III sembla de prime abord être à la hauteur de ses espérances puisqu'elle souhaitera être enterrée avec la chemise de nuit qu'elle portait durant ce séjour ! Mais le charme était rompu et Nicchia remplacée par une autre. Était-ce dû au fait qu'elle avait manqué de discrétion quant à sa liaison, façon d'agir peu appréciée de l'Empereur ? Ou bien son tempérament devait-il être tenu pour responsable, ainsi que l'affirmait le général Fleury qui la tenait en piètre estime et jugeait que ce « Narcisse femelle en admiration devant sa propre beauté, sans souplesse, sans douceur dans le caractère, ambitieuse, sans grâce, hautaine sans raison, [...] lassa bien vite l'homme qu'elle voulait tenir[2] ».

La Belle des Belles s'exila en Italie, près de Turin, dans une villa au nom ironique de *Gloria* pour y panser ses blessures d'amour-propre. Car elle avait non seulement goûté aux succès mondains, mais elle s'était aussi prise de passion pour le rôle politique qu'elle exagérait et rêvait de revivre l'exaltation d'une telle mission. Les soupirants ne manquaient pas. Elle les recevait, allongée sur un canapé ; Baby, qui avait presque cinq ans, jouant à ses côtés. Le

1. Le divorce n'existant pas, le couple ne pouvait qu'établir les modalités d'une séparation.
2. *Souvenir du Général Fleury*, t. 2, 1859-1867, rééd. Adamat Media Corporation, 2005.

comte d'Ideville, diplomate français en poste en Italie qui osa pousser la grille de la villa Gloria pour visiter l'étrange recluse, a laissé un portrait de la comtesse où perce son « admiration profonde, sans restriction pour la beauté parfaite ». Elle avait renoué avec le roi de Piémont, accordé le *f* barré, code d'un abandon total, au prince Henri de la Tour d'Auvergne après le jeu habituel de la froideur et du dédain, réduit François à l'impuissance en refusant catégoriquement de reprendre la vie commune. Mais elle s'ennuyait, de cet ennui étrange qui la faisait s'enfermer dans sa demeure, pour en sortir brusquement, briller de mille feux et se retirer tout aussitôt cloitrée dans son logis.

Ligne de conduite déroutante qu'elle appliquera dès son retour à Paris, en 1861.

Installée alors avec son fils dans une maison aux prétentions plus bourgeoises qu'aristocratiques, elle vivait volontairement une existence de recluse, allant même jusqu'à baptiser sa demeure « ermitage de Passy », alternant séjours parisiens et vacances à Dieppe. Elle avait été conseillée en cela par le docteur Blanche qui la soignait. Aliéniste de renom, il avait vite compris que les maux dont se plaignait sa patiente avaient une origine plus psychique que physique. La neurasthénie[1] guettait cette jeune femme de vingt-quatre ans.

L'année de son retour dans la capitale française vit Vittorio Emanuele consacré roi d'Italie. Cavour, son rêve

1. La première mention du mot pour décrire les symptômes de cet état d'abattement n'interviendra qu'en 1869.

d'unification du pays enfin réalisé, décéda trois mois plus tard. Durant un bref séjour à La Spezia pour partager les biens des Castiglione, elle eut plusieurs aventures avec de jeunes officiers dont l'un harponna le cœur de Nicchia avec plus de facilité que les autres. Surnommé le Cuirassé, cet homme ne réussit pas à garder la « Belle des Belles » à ses côtés, mais elle repartit à Paris, dotée d'un nouvel appétit de vivre.

1863 allait lui redonner l'occasion de renouer avec sa splendeur passée. L'invitation à un bal masqué aux Tuileries signifiait la fin de sa disgrâce. Elle opta pour un costume original, selon son habitude, audacieux uniquement dans sa simplicité. Vêtue en reine d'Étrurie, elle fit, comme à son accoutumée, sensation, provoquant l'embarras de l'Empereur, ému de la revoir. Par malchance, une confusion d'un chroniqueur mondain lui attribua le déguisement très provocant de Salammbô, porté par une autre femme à un bal qui se tenait le même soir. L'information reprise, amplifiée, exagérée qui finissait par la décrire quasi nue devant Napoléon III, fit les délices des échotiers de toute l'Europe. François lui écrivit son indignation et menaça de lui retirer la garde du petit Georges. Nicchia protesta, fit publier un démenti mais le mal était fait, d'autant plus qu'il faisait naître en elle le sentiment dangereux pour sa santé mentale qu'elle était persécutée.

Sa seconde tentative provoqua un autre scandale. Le public, trié sur le volet et convié pour une soirée de bienfaisance, l'aperçut dix petites secondes incarner, en un tableau vivant, une ermite au fond d'une grotte de papier mâché. Une défaillance technique immobilisait le rideau. La comtesse n'était pas responsable. Mais le public, mécontent, la siffla et elle s'en alla, furieuse.

Le second envol de la comtesse fut stoppé net.

Elle regagna son ermitage de Passy alternant ses séjours avec sa maison de Dieppe, accumulant les amants et bataillant contre ses créanciers. Nicchia rompait rarement de son propre chef avec ses prétendants. Ces derniers, usés par son tempérament difficile, ses atermoiements à leur accorder ses faveurs, finissaient par se lasser et, le cœur brisé, mettaient fin à leur liaison. Elle se montrait plus calculatrice et enjôleuse avec ceux qui ne dépasseraient jamais le seuil de sa chambre à coucher, mais lui prêtaient l'argent dont elle avait terriblement besoin pour assurer son train de vie.

Le comte de Castiglione décéda de façon accidentelle en 1867, le Second Empire était moribond. Nicchia repartit pour l'Italie, mais elle était liée depuis quelques années avec l'homme d'État Adolphe Thiers et son épouse. Elle s'adressa à lui pour s'assurer que sa maison serait protégée pendant le siège de Paris en 1870. Après la destitution de Napoléon III et l'élection dans la foulée de Thiers en tant que chef du pouvoir exécutif de la République française, Nicchia espéra jouer à nouveau un rôle en devenant son intermédiaire discret avec le roi d'Italie puis avec Bismarck. La diligence et la finesse avec laquelle elle s'acquitta de sa tâche contrastèrent étrangement avec les signes avant-coureurs du délire qui s'emparait lentement d'elle. Un sentiment de persécution croissant allié à une forme de confusion mentale la poussait à envoyer de longues missives incompréhensibles à ses correspondants.

En juin 1872, elle regagna son ermitage de Passy, ajoutant deux nouvelles conquêtes à son tableau : Robert d'Orléans, duc de Chartres et frère puiné du comte de Paris, et Paul Cassagnac, rédacteur en chef du journal *Le Pays*, bonapartiste convaincu, polémiste et bretteur, défendant ses convictions en duel, à la pointe de son épée. D'emblée, il refusa le jeu habituel de Nicchia et fit de la statue hautaine et capricieuse une femme aimante et douce. Profondément amoureuse, la belle Italienne paraissait enfin connaître le bonheur. Mais un troisième homme lui gâcha son idylle. Son propre fils, Georges, sous l'emprise néfaste de son précepteur, lui vola un paquet de lettres compromettantes, s'enfuit en Italie et, sous la menace d'un chantage, lui réclama l'émancipation et une part d'héritage. Nicchia, folle de rage, fut contrainte de négocier. La conduite de Georges réveilla le véritable tempérament de la capricieuse comtesse, mis sous le boisseau pour plaire à son amant. Sa belle histoire d'amour ne put survivre à « la violence de son caractère », ainsi que lui reprocha Paul Cassagnac, épuisé par l'alternance de ses colères et de périodes d'abattement.

La comtesse se réconcilia cependant avec son fils. Mais en 1879, Georges, marié depuis moins d'un an, succomba à vingt-quatre ans d'une attaque de variole.

Nicchia ferma alors les volets de son entresol de la place Vendôme pour s'enfoncer dans une solitude morale et matérielle.

La comtesse s'éteignit dans la nuit du 28 au 29 novembre 1899, à l'âge de soixante-sept ans, dans la dernière habitation qu'elle occupa, rue Cambon, en présence de sa vieille et fidèle domestique, Luisa Corsi. Elle ne fut pas enterrée selon son souhait avec la fameuse « chemise de Compiègne 1857 ». Le cortège discret et réduit suivit son cercueil jusqu'au cimetière du Père-Lachaise dans le vingtième arrondissement de Paris où elle fut inhumée[1].

Le XIXe siècle touchait à sa fin et avec lui disparaissait le monde où l'astre Nicchia enflamma la capitale.

1. Division 85, tombe 83. Une plaque commémorative a été apposée en 1999.

La dictature du cœur

Catherine Dolgorouki

On doit à la princesse Bibesco, femme de lettres célèbre avant-guerre, d'avoir ravivé le souvenir des amours illégitimes de Catherine Dolgorouki avec le tsar Alexandre II, qu'un siècle avait effacé.

Une cousine de « Katia », ainsi que l'appelait tendrement le tsar, lui avait conté l'idylle impériale et l'écrivain comprit immédiatement la portée romanesque d'une telle histoire, qu'elle publia, en 1938, sous le titre *Katia, le démon bleu du tsar*[1]. Délicieusement romantique et tragique, le roman ne s'embarrassait pas d'exactitude historique, mais évoquait la défunte Russie des tsars, avec troïka glissant sur la neige, emportant les amoureux dans une retraite secrète pour quelques instants de bonheur volé. De quoi inspirer par deux fois les cinéastes : dès 1938, Danielle Darrieux se pâmera dans les bras de John Loder, dans le film *Katia* réalisé par Maurice Tourneur,

1. D'abord sous forme de feuilleton dans un quotidien, puis publiée par les éditions Gallimard en 1938.

avant d'être remplacée, dans la version de 1959 signée Robert Siodmak, par Romy Schneider dans le rôle de la très jeune héroïne succombant cette fois-ci au charme mûr de Curd Jurgens.

Mais qu'en était-il de la vraie Katia ? D'où venait celle que le tsar de toutes les Russies croisa en avril 1865, lors d'une visite dans un établissement scolaire réservé aux jeunes filles de la noblesse ?

À l'époque de leur rencontre, l'institut Smolny, situé sur les rives du fleuve Neva, était limitrophe de la ville de Saint-Pétersbourg. À ses côtés se dressaient une cathédrale de style baroque aux façades surprenantes, peintes en turquoise et blanc, et les anciens bâtiments conventuels qui avaient donné leur nom à l'école pour jeunes filles. L'enseignement suivait encore, pour l'essentiel, le modèle établi un siècle auparavant par Catherine II, la « Grande Catherine », désireuse de promouvoir l'éducation de femmes capables de tenir leur rang dans la société. Au programme de l'établissement : l'apprentissage du français, de la danse, du maintien, du chant et de la musique.

De par leurs origines, Catherine Dolgorouki et sa sœur Maria remplissaient parfaitement les conditions d'accès à cet établissement très sélect. Leur famille prétendait descendre en ligne directe de Rurik, fondateur de l'Empire russe au IXe siècle. Les Dolgorouki, depuis le fond des âges russes, avaient toujours côtoyé le pouvoir. La lignée s'était divisée au cours du temps et les petites provinciales venues de Volhynie (au nord-est de l'Ukraine), qui débarquèrent à Saint-Pétersbourg, appartenaient à une branche sans grande fortune. La famille avait survécu tant que la mère palliait l'incapacité du père, joueur invétéré, à gérer ses domaines, mais l'abolition du servage acheva de les ruiner.

Le tsar Alexandre II, conscient que l'Europe s'industrialisait alors que l'Empire russe s'enlisait dans un système moyenâgeux, avait déclaré dès le début de son avènement qu'il valait mieux « abolir le servage d'en haut que d'attendre qu'il commence à s'abolir par lui-même d'en bas ». Le 3 mars 1861[1], le Manifeste en lettres d'or, ainsi que le nommèrent les moujiks, affranchissait plus de vingt millions de personnes. Mais la fin de la servitude déséquilibrait également un système économique multiséculaire, basé sur la gratuité de la main-d'œuvre. L'abolition entraîna un appauvrissement considérable chez certaines familles nobles. La fortune des Dolgorouki, déjà malmenée, n'y résista pas et les parents de Katia furent ruinés. Ils firent appel à la générosité impériale pour l'éducation de leurs six enfants et deux de leurs filles furent envoyées à Saint-Pétersbourg.

Après la promulgation du manifeste, le tsar poursuivit son entreprise de réforme des structures judiciaires, universitaires et militaires, allégeant la censure. Despote éclairé, il y gagna le surnom de tsar libérateur, mais aussi le mécontentement de la population ! Car les refontes du

1. Ou 19 février 1861 selon le calendrier julien, en vigueur dans la Russie tsariste, en décalage de treize jours avec le calendrier grégorien. Toutes les dates mentionnées dans le chapitre correspondent au calendrier grégorien.

système russe comportaient bien des défauts. À quarante-sept ans, usé par dix longues années de règne, dénigré malgré ses efforts de modernisation du pays, raillé pour *la dictature du cœur* de ses réformes libérales, l'homme ne trouvait pas le réconfort souhaité auprès de sa femme. Il s'était lassé de la tsarine, affaiblie par huit grossesses, fréquemment malade et d'une nature triste. Une demoiselle d'honneur de l'impératrice, Maria Alexandrovna, en livra un portrait peu flatteur : « Concentrée sur elle-même, peu rayonnante, étrangère à son entourage, inadaptée à ses fonctions de mère, d'épouse, de souveraine [...], avec sa nature complètement dénuée de tempérament, elle n'est pas faite pour la situation que le destin lui a offerte. [...] Est-elle une sainte ou un morceau de bois ? » De plus, leur fils préféré, qui portait les ambitions dynastiques des Romanov, venait de mourir après une longue maladie.

Alexandre II, triste et las, remarqua lors de sa visite à l'institut Smolny une jeune fille de dix-huit ans, Catherine Dolgorouki, fraîche, gaie, au teint d'ivoire et dotée d'une magnifique chevelure châtain foncé. Quelques mois plus tard, Catherine, ayant achevé ses études, au lieu de rejoindre sa mère dans le sud de la Russie, prit pension chez son frère Michel. L'officier avait épousé une marquise napolitaine. Une compagne d'internat, Barbara Shebeko, vint habiter avec eux.

Barbara, dite Vava, se proclama d'autorité chaperon et entremetteuse des amours de Katia avec Alexandre II, consciente qu'il y allait de son propre intérêt, ou bien peut-être discrètement incité par le tsar à tenir ce rôle. Le couple se croisait lors d'innocentes promenades dans le Jardin d'été, propriété impériale ouverte au public et prisée par la bonne société. L'aide de camp du tsar et Vava faisaient respectueusement tapisserie pendant qu'Alexandre et Katia conversaient. Pouvait-on rêver lieu plus romantique que ce délicieux jardin, ombragé, agrémenté de multiples statues, au cœur de Saint-Pétersbourg, au bord de la Neva et entouré des bras du fleuve, pour approcher une jeune fille, effarouchée par le prestige du tsar, ses avances pressantes et la différence d'âge ? Car la taille du jeune héritier à belle prestance s'était arrondie avec les années. La demoiselle d'honneur qui avait sévèrement critiqué l'impératrice n'était guère plus tendre dans sa description de l'empereur. Elle reprochait des yeux bleus inexpressifs, une intelligence dénuée d'envergure et un tempérament velléitaire. Elle lui concédait néanmoins des traits réguliers et, dans l'intimité, d'éclairer son visage d'un sourire tendre, bon, affable qui le rendait sympathique.

Le jeu de la séduction se prolongea pendant près d'un an, jusqu'en avril 1866.

Le 16 avril, en fin d'après-midi, alors que le tsar se promenait au Jardin d'été en compagnie de sa nièce et de son neveu, il échappa à une tentative d'assassinat orchestrée par un étudiant russe. Katia fut aussi bouleversée que l'entourage du tsar par cette agression. Jamais auparavant, un simple sujet (extérieur à tout groupe de comploteurs) n'avait osé attenter à la vie d'un tsar. Et venant d'un Russe, le geste était encore plus inimaginable. Le souverain en fut terriblement affligé et, touchée par son extrême tristesse, Katia cessa de tergiverser pour répondre enfin à ses avances. Le 13 juillet 1866, le couple se retrouva au palais Peterhof, à proximité de Saint-Pétersbourg. Dans le parc de la résidence royale était érigé un petit pavillon à colonnade, le belvédère de Babygone, qui accueillit les premiers ébats du couple et leurs promesses d'un amour éternel. Des promesses que le tsar réitéra deux fois par jour dans les courriers qu'il lui écrivit du premier jour de leur liaison jusqu'à sa mort. Le matin, les missives abondaient de mots tendres, le soir, elles résumaient son dur labeur d'empereur. Bien que prussophile de tempérament et de conviction politique, le français n'en restait pas moins le langage du cœur, et c'est dans cette langue que correspondirent les amoureux. Katia ne fut pas le seul diminutif aimant que le tsar employa pour sa maîtresse. Elle était Doussia, ma petite femme chérie, mon idole et mon impératrice... Katia fut toujours formelle à cet égard, jurant que, dès le début de leur liaison, Alexandre II avait émis le désir de légitimer dès que possible leur amour et de la couronner impératrice.

Mais pour l'instant, la tsarine était bien vivante. L'empereur amoureux, brusquement redevenu gai, éveilla la suspicion. L'époque du Grand Siècle représentative de mœurs royales relâchées, affichant sans vergogne amants et maîtresses, était révolue. Sous le règne de Nicolas Ier, le père d'Alexandre, la Russie avait rétabli un ordre rigide, fondé sur l'autocratie, l'orthodoxie et le nationalisme. Le tsar, père de son peuple, se plaçait au-dessus de contingences émotionnelles indignes de sa charge. Une liaison était, moralement, une atteinte à la fonction impériale. Or, la rumeur circulait qu'une jeune femme se rendait clandestinement au palais d'Hiver, trois ou quatre fois par semaine, et y entrait par une petite porte dont elle possédait la clé. Quant au tsar, il s'attardait fréquemment à Saint-Pétersbourg dans l'appartement occupé par le frère de Katia, curieusement absent ainsi que sa femme. Le scandale grondait. Les Dolgorouki décidèrent d'y mettre un terme en employant la manière forte : séparer les amoureux. En 1867, Katia quitta brutalement la capitale impériale, glacée par les neiges hivernales, entraînée vers la douceur méridionale de Naples et la famille de sa belle-sœur.

L'empereur en fut malheureux. Il aimait Katia avec la même ferveur qu'aurait éprouvée un adolescent envers son premier amour. La sentimentalité du tsar, que nous pourrions qualifier de fleur bleue, avait déjà été remarquée par son entourage. Il s'était épris dans sa jeunesse d'une demoiselle d'honneur qu'il prétendait épouser malgré les lois de la Couronne qui l'obligeaient à prendre pour femme une princesse de famille royale régnante. Puis il était tombé amoureux de Marie de Hesse « au premier coup d'œil », en dépit des graves soupçons qui pesaient sur la paternité de Louis II de Hesse. Mais l'attitude « faible et qui se laisse facilement séduire » de son fils, repoussant d'autres prétendantes mieux titrées, inquiétait Nicolas Ier. Il avait finalement donné son accord au mariage.

La séparation des amants, loin d'affaiblir leur passion, au contraire l'exacerba. Alexandre somma les Dolgorouki de venir grossir l'aréopage qui escortait le couple impérial lors d'un voyage officiel à Paris en juin 1867.

Le monarque logeait à l'Élysée, tandis que Katia, en provenance de Naples, s'installait dans un hôtel discret, situé rue Basse-des-Remparts[1]. À la nuit tombée, la jeune femme rejoignait *Sacha*.

Le 6 juin, tandis qu'il rentrait à l'Élysée par le bois de Boulogne après avoir assisté à une revue militaire sur l'hippodrome de Longchamp, ce fut cette fois-ci un Polonais qui lui tira dessus, à deux reprises. Il céda aux supplications de l'impératrice Eugénie et de Napoléon III de ne pas abréger son séjour, et repartit comme prévu le 11 juin en Russie. Pour Katia, il n'était plus question de retourner à Naples et elle le suivit à Saint-Pétersbourg.

Le tsar l'installa avec son frère et sa belle-sœur dans un hôtel, quai des Anglais, où elle jouissait d'une plus grande liberté pour le recevoir, occupant seule le rez-de-chaussée. Le tsar se montrait généreux, lui offrant des robes, des bijoux et de l'argent pour régler les gages de ses domestiques et de son équipage personnel. Mais pour Katia débuta la vie clandestine réservée aux maîtresses. L'attente des heures durant d'un rendez-vous annulé au dernier moment. L'impossibilité d'apparaître aux fonctions impériales sans éveiller la suspicion. Le mutisme imposé sur sa liaison qui la coupait des amies de son âge. Les lettres adressées à son amant criaient sa solitude, son ennui et sa frustration : « Vous ne vous sentez pas aussi solitaire que moi et c'est pourquoi vous ne pouvez pas comprendre. Vous ne m'aimez pas aussi

1. La rue disparaîtra avec l'élargissement des boulevards des Capucines et de la Madeleine.

passionnément. Mon ange, ayez pitié de moi car je suis si seule[1] ! »

« Je vous aime. Je suis affreusement seule. Je ne sais pas quoi faire de ma personne[2]. » « Oh ! mon ange, j'ai peur de devenir démente et je ne sais pas ce que je vais devenir si nous ne nous voyons pas ce soir. Je vous aime, je vous aime et je suis heureuse de vous aimer. Les larmes m'étouffent[3]. »

Le couple impérial, qui résidait au palais d'Hiver et dans les résidences voisines de Peterhof et Tsarskoïe Selo, se retirait à la fin de l'été à Livadia, en Crimée. Katia suivait le tsar dans tous ses déplacements, discrètement logée dans une villa. Lors des séjours à l'étranger, les amants, comme par hasard, se croisaient au gré des déplacements.

L'empereur souffrait autant que son « adorable impératrice » des séparations que dictaient les conventions. En 1870, il trouva enfin le moyen d'imposer Katia à son entourage. Sa sœur, Maria, venait d'épouser le prince Emmanuel Mestchersky et le lignage de son époux lui avait permis de la nommer demoiselle d'honneur de l'impératrice. Il fut ensuite aisé d'accorder un honneur identique à Katia et de la promouvoir au même rang que sa cadette. L'arrivée officielle de la jeune femme à la cour impériale fit grincer des dents. Les nobles, qui pourtant fuyaient la tristesse des salons de la tsarine, considéraient insupportable l'affront fait envers l'impératrice et l'emprise de la

1. Janvier 1868.
2. Janvier 1868.
3. Mars 1868.

favorite sur le tsar. De surcroît, Maria Alexandrovna était régulièrement souffrante. Si elle venait à décéder, qu'adviendrait-il de Katia, à laquelle les courtisans prêtaient de perfides ambitions ? Katia manifestait effectivement celle de se faire épouser.

Ses lettres témoignaient sans ambages de l'intention de légitimer sa liaison et ses enfants. Car en 1872, la favorite était enceinte. Son absence remarquée lors des fêtes célébrant la bénédiction des eaux de la Neva alimentait les rumeurs. Le futur père, loin d'être gêné par la grossesse d'une maîtresse honnie par la Cour, se réjouissait tant de la venue de l'enfant qu'il ordonna à Katia de venir accoucher au palais d'Hiver dès qu'elle ressentirait les premières contractions.

Il est vrai qu'à l'époque les femmes accouchaient à la maison, dans un environnement moins médicalisé qu'aujourd'hui. Mais ce fut tout de même sur un canapé du cabinet de travail d'Alexandre II que la pauvre Katia mit au monde, le 12 mai, son fils Georges, surnommé Gogo !

Sous la surveillance du confident de leurs amours, le général Ryléïev, l'enfant fut placé en nourrice et la naissance gardée secrète. L'empereur, ragaillardi par sa liaison (« J'aime notre folle manière de faire l'amour et j'y plonge à chaque fois »), égayé par l'arrivée de ce petit garçon, ne pouvait plus se passer de Katia, l'entraînant par trains séparés dans la ronde de ses obligations. Il lui contait toutes les affaires du royaume par le menu, mais, quoiqu'en craignissent ses ennemis, Katia n'avait ni la maturité ni l'intelligence pour exercer un rôle politique auprès du tsar. En revanche, elle, dont le cercle était restreint à quelques amies, dont la fameuse Vava, et à sa famille (amputée de ses parents décédés) cherchera sans cesse à leur obtenir des faveurs auprès du tsar, qui tentera d'obliger *son idole* dans la mesure du possible.

En 1873, elle accoucha d'une petite fille, Olga. Alexandre était aux anges devant sa petite famille qui s'agrandissait. Les missives échangées font état d'un comportement bourgeois entre Katia et l'empereur : on se tient informé des dents de l'aîné, d'une migraine de madame, de la mauvaise toux d'Olga. « J'aime nos causettes et lorsque nous nous regardons », avouait l'empereur.

Dans le plus grand secret, au mépris des lois dynastiques, en juillet 1874, le tsar éleva ses enfants à la dignité princière, avec le titre d'Altesse. L'ukase qui conférait à *Gogo* et *Oly* les noms de prince Yourievsky et princesse Yourievskaya ne devait être révélé qu'après son décès. Mais Katia n'était toujours qu'une fille-mère, à la merci des ragots, continuant ses navettes entre les résidences impériales et son propre logis. Sa place de demoiselle d'honneur justifiait officiellement ses allées et venues dans les palais, mais la tsarine fut bien évidemment informée des véritables raisons de sa présence. Elle opposa une dignité glaciale à un combat perdu d'avance.

Katia avait été installée dans une nouvelle maison pétersbourgeoise, rue Galernaya, où elle ressentit en 1876 les contractions annonciatrices d'un accouchement imminent. Elle se traîna au palais d'Hiver pour mettre au monde un garçon qui mourut quelques jours plus tard. Épuisée par dix années d'une liaison clandestine, meurtrie par la mort du nouveau-né, Katia souffrit d'un nouveau choc avec le départ d'Alexandre II pour le front. La guerre russo-turque avait été déclarée et les amants furent déchirés par la séparation.

Le métier d'empereur avait un coût. Lorsque le tsar victorieux put enfin songer à Saint-Pétersbourg, un changement notable s'était opéré : « Quelques mois avaient suffi pour en faire un vieillard », constata un contemporain.

Le tsar en avait assez d'être privé du refuge que représentaient pour lui Katia et les enfants. Il brava l'opprobre de la cour impériale et, en 1878, installa Catherine Dolgorouki au deuxième étage du luxueux et immense palais d'Hiver. La voisine de la jeune femme, qui avait alors trente et un ans, n'était autre que la tsarine ! Ce qui fera dire à Maria Alexandrovna, blessée par cet affront, dans une confidence à la comtesse Tolstoï : « Je pardonne les offenses faites à la souveraine. Je ne peux prendre sur moi de pardonner les tortures qu'on inflige à l'épouse. »

Ce nouvel arrangement était loin d'être une victoire pour Katia, car son existence n'était pas plus joyeuse que celle de la tsarine. Elle était prisonnière de ce palais, vivant en dehors de la société et des distractions, ainsi que le confirma son neveu, le comte de Merenberg[1] : « Elle ne sortait jamais, personne ne la voyait, personne ne la connaissait, excepté sa propre famille, mais celle-ci conserva toujours ses distances. […] Elle était considérée comme une intrigante qui était parvenue à capturer le

1. Cité par Laurence Catinot-Crost dans *Le Démon bleu du tsar. Katia, l'épouse du tsar libérateur*, Atlantica, 2003.

cœur du tsar, gagner sa confiance, afin d'être couronnée, tout cela pour son seul intérêt. Elle n'avait personne à ses côtés, personne n'avait un mot gentil pour elle. Seul le tsar restait à ses côtés. »

Pourtant, l'amour que Katia porta à Alexandre ne fait aucun doute. Alexandre Mikhaïlovitch de Russie rapporta dans ses *Mémoires*[1] qu'Alexandre rajeunissait en présence de Katia dont l'adoration se lisait dans le regard. Le tsar comprenait parfaitement les implications du sacrifice que la jeune femme faisait de sa vie par amour, ainsi qu'il l'exprimera en 1880 à sa sœur, la reine de Württemberg, expliquant qu'en dépit de sa jeunesse, Katia avait « préféré refuser tous les plaisirs et les réjouissances de la société, ce qui est très important pour une jeune femme de son âge, pour consacrer sa vie entière à m'aimer et à prendre soin de moi ».

Un quatrième enfant naquit, une petite fille prénommée Catherine. L'année suivante, en 1879, le tsar échappa à trois attentats : deux tireurs isolés, à quelques semaines d'intervalle, puis quelques mois plus tard, une bombe posée sur les rails, visant le train impérial, qui explosa au passage du second convoi transportant les bagages. La peur s'insinua définitivement en Katia, d'abord pour le tsar puis, plus tard, pour sa propre sécurité et celle de ses enfants.

L'année 1880 fut un tournant majeur dans la vie de Katia. Elle débuta par une terrible explosion qui souffla

1. *Once a Grand Duke,* suivi de *Always a Grand Duke,* publié en 1932 et 1933, par Farrar & Rinehart, New York.

la salle du corps des gardes, située juste sous la salle à manger impériale du palais d'Hiver. Une fois encore, les terroristes avaient cherché à tuer l'empereur. Quant à l'impératrice, assommée par les drogues qui apaisaient ses douleurs, elle ne s'était rendu compte de rien. Sa fin était proche et elle rendit l'âme le 3 juin.

La période minimum de deuil de quarante jours étant écoulée, le 18 juillet, le tsar Alexandre II, 62 ans, épousa dans la plus stricte intimité Catherine Dolgorouki, 33 ans. Dans le même temps, ses enfants étaient légitimés et elle recevait le titre princier de Yourievski et le prédicat d'Altesse sérénissime.

L'acte était une folie selon les rares proches du tsar mis au courant. L'officialisation était précipitée (Katia avait harcelé Alexandre pour ne plus différer leur mariage). L'union allait heurter le peuple russe et s'aliéner son entourage qui considérait Katia comme une intruse, briguant pour son fils Gogo la succession au trône.

Le mariage eut lieu à Tsarskoïe Selo, en présence de trois témoins : le comte Adelberg qui détestait Katia, la trouvant insolente et stupide, le général Ruleïev – le « Confident » – et le général Baranov. Ni le mariage ni l'élévation au rang de princesse de Katia n'étaient supposés être rendus publiques. L'héritier dynastique, fils de l'impératrice défunte, apprit le mariage de son père trois jours après la célébration de la cérémonie...

Alexandre II le rassura : les enfants de Katia, épouse morganatique, ne pouvaient accéder au trône et il souhaitait conserver le secret une année encore. Mais la nouvelle se répandit parmi la Cour et, rapidement, une coalition se forma contre la jeune femme, convaincue qu'elle intriguait pour provoquer un changement dynastique spoliant l'héritier officiel en faveur de son fils.

Or, Alexandre II avait d'autres projets. Lancer la Russie sur la voie de la monarchie constitutionnelle, couronner Katia qui y tenait, et se retirer dans le midi de la France pour jouir enfin de la vie de famille dont il rêvait.

Le 18 mars 1881, après la messe, le tsar se rendit au manège du palais Michel pour assister à la parade de la garde. Katia, mue par un mauvais pressentiment, avait tenté de l'en dissuader. À bout d'argument, elle lui avait rappelé l'étrange prophétie d'une Tsigane qui avait prédit qu'Alexandre II mourrait lors de la septième tentative organisée pour le tuer. Le tsar repoussa cette thèse par un calcul mathématique. S'il était visé en ce dimanche, l'attentat ne serait que le sixième. Tout ce que Katia put obtenir fut un changement d'itinéraire et il lui accorda de rentrer par le canal Catherine, qu'elle jugeait plus sûr que la perspective Nevski. Mais les terroristes avaient également prévu une modification éventuelle du parcours et une complice signala la présence du tsar le long du canal.

La bombe épargna le souverain, tuant le terroriste, un passant et des cosaques de sa garde. Mais le tsar, au lieu de fuir le lieu du drame, descendit de son coupé pour s'approcher des victimes. Un autre complice lança la seconde bombe, déchiquetant le tsar. La septième tentative…

Alexandre II qui se vidait de son sang fut transporté en hâte au palais d'Hiver. Pour les courtisans présents, il était clair que « la dictature du cœur » du tsar libérateur l'avait mené à sa perte. Brusquement apparut Katia, l'autre dictature du cœur honnie d'Alexandre II. Encore vêtue de son déshabillé, elle se jeta avec des cris déchirants sur le corps de son époux. On finit par la relever, son négligé mouillé du sang d'Alexandre. Le tsar expira dans les premières heures de l'après-midi.

Tous les témoignages concordent pour décrire Katia anéantie par le chagrin.

Mais les Romanov n'avaient nullement l'intention de la ménager. Elle ne fut pas conviée aux cortèges officiels pour l'enterrement de son mari. Mais aurait-elle seulement pu tenir sa place ? Lorsqu'elle rendit les derniers hommages à Alexandre dans la cathédrale Saint-Pierre et Saint-Paul, le 20 mars, voilée de noir, pénétrant dans la nef par la porte discrète de la sacristie, elle était soutenue par le comte Adelberg, afin de s'avancer jusqu'au cercueil sans s'effondrer.

À peine le nouveau maître, Alexandre III, fut-il monté sur le trône et son mari enterré, qu'elle fut priée de partir avec ses enfants. Les arrangements antérieurs qui lui laissaient la jouissance de maisons en Russie furent ignorés au profit d'une rente si elle quittait la Russie.

Au printemps 1882, la princesse Yourievsky, ses trois enfants, ses domestiques et ses chiens, ainsi qu'un nombre impressionnant de malles et de meubles, débarquèrent à Paris. Dans les années qui suivirent, Katia se partagera entre la capitale, Nice et Biarritz où elle louera ou achètera de somptueuses demeures. Car le tsar avait veillé à ce qu'elle fût à l'abri du besoin, et si les Romanov ne souhaitaient pas son retour, ils respectèrent néanmoins les dispositions financières du souverain assassiné.

Aucune rumeur, même ténue, d'une autre liaison ne nous est parvenue. Katia fut la femme d'un seul homme, Alexandre II. En revanche, en France, loin de l'ostracisme dont elle souffrait en Russie, elle goûta à la vie sociale qui lui avait été si longtemps refusée. Les Français ne s'embarrassaient pas de considérations dynastiques. En ce qui les concernait, la princesse Yourievsky était la veuve d'un tsar et, à ce titre, désirée dans les meilleurs salons.

Katia débuta une vie mondaine brillante, soutenant les œuvres de charité russes qui pullulaient à l'époque à Nice et Biarritz, îlots slaves où venaient s'amuser les grands-ducs de Russie. Ces amateurs de cabarets et de soirées arrosées au champagne menaient grand tapage au point de faire naître en français l'expression « faire la tournée des grands-ducs », désignant des virées nocturnes dispendieuses.

Katia était plus sage dans ses divertissements. Ce ne fut pas le cas de ses enfants. En grandissant, Gogo entendait profiter de la vie et de son statut de fils de tsar. Sa ravissante sœur Olga et son mari n'étaient pas en reste. Katia recevait beaucoup, Français et Russes, mais la famille Romanov continuait cependant à appliquer la loi du silence. Les tsars successifs, Alexandre III et Nicolas II, l'ignorèrent, lors de leurs visites privées comme lors de leurs visites officielles. Katia ne fut jamais invitée aux cérémonies dédiées en Russie à la mémoire de son époux, et les journaux russes se gardaient de mentionner son nom.

Sa seule vengeance fut de se conduire en altesse royale dans ses demeures françaises, obligeant ses nombreux domestiques à porter une livrée impériale et exigeant de ses visiteurs de respecter le protocole correspondant à son rang.

La Première Guerre mondiale puis la révolution russe bouleverseront sa vie de riche veuve oisive en lui coupant les vivres. Les bolcheviks arrivèrent au pouvoir, avec Lénine à leur tête en 1917. La femme de soixante-dix ans dut certainement avoir un haut-le-cœur en apprenant que le lieu chéri de sa jeunesse, où elle rencontra son destin, avait été envahi par les Rouges qui l'avaient transformé en siège de leur parti. Lénine et sa compagne s'étaient installés dans les salles de l'institut Smolny où la jeune Katia avait autrefois, d'un regard, séduit le tsar.

Sa fille Catherine, retournée en Russie après son mariage, après d'affreux mois sans nouvelle, avait réussi à fuir et à la rejoindre à Nice où elle résidait désormais. Mais Katia était brisée par les événements, sans ressource, ayant tout vendu pour subvenir à ses besoins, cloîtrée et solitaire dans la villa Georges[1] qu'elle avait achetée en 1891 et baptisée du nom de Gogo[2].

Le 15 février 1922, Katia s'éteignait à l'âge de 75 ans.

Le cortège funèbre réunissant la colonie russe de Nice conduisit sa dépouille sur le lieu de sa sépulture, dans le cimetière russe de Caucade. Seuls les journaux locaux mentionnèrent son décès. Ses amours avec le tsar, cinquante ans auparavant, étaient depuis longtemps oubliées et l'Empire russe avait cessé d'exister.

---

1. La villa Georges, transformée en appartement, existe toujours au n° 10 du boulevard Dubouchage.
2. Georges décéda en 1913, Olga en 1925 et Catherine en 1959.

Et puis, en 1938, sur les écrans de cinéma, une ravissante actrice ressuscita son histoire, charmant les spectateurs en chantant :

Il peut neiger le long des vastes plaines
Il peut neiger le temps de chaque hiver
Il peut neiger
Demain la terre est pleine, de nouveaux bougeons tout verts
Tout peut changer sauf une chose au monde
Rien ne peut changer mon Cœur[1].

1. *Il peut neiger*, musique de Wal-Berg, paroles de Jean Ferney.

L'ombre dans la lumière

Mileva Einstein

Derrière chaque grand homme, affirme un adage, se cache une grande femme. Mileva Marić, ombre dans la lumière d'Albert Einstein, en fut la singulière illustration.

Avant la publication, en 1987, de la correspondance entre le physicien et sa première femme, Mileva Marić n'occupait que quelques lignes dans les volumineuses biographies consacrées à son mari. Les auteurs la considéraient la plupart du temps comme un épisode négligeable, voire inopportun, dans l'existence du grand homme.

Les lettres elles-mêmes firent l'objet d'une bataille féroce par avocats interposés. En effet, après la mort d'Albert Einstein, son exécuteur testamentaire Otto Nathan, et son ancienne secrétaire, Helen Dukas, s'opposèrent à toute publication risquant de ternir l'image d'un scientifique génial et humaniste. Une décision de justice libéra enfin de leurs griffes une partie des papiers personnels d'Einstein, révélant au public des facettes plus intimes et parfois peu flatteuses de sa personnalité. Elles suscitèrent une controverse dont la défunte Mileva Marić fit les frais. La teneur de certaines missives de son époux, abusant du pronom personnel *nous* lors de l'évocation de ses travaux, associée aux études scientifiques poussées de Mileva, contribua à populariser l'idée qu'elle avait grandement collaboré aux théories de son mari, dont celle de la relativité restreinte, qui révolutionnèrent la physique en 1905.

La communauté scientifique se divisa à ce sujet. Les opposants à une éventuelle collaboration de Mileva avec Einstein la considéraient comme une femme au foyer dépassée par le génie de son mari. Ses défenseurs, plus marginaux, la propulsaient au rang de mathématicienne brillante, co-auteur des articles d'Einstein.

Dans l'affaire, on en oublia la femme et combien son histoire d'amour avec Albert, tragique et amère, refléta le contexte de son époque.

Car Mileva était née avec deux handicaps pour une fille : elle était très intelligente et elle boitait.

Elle souffrait d'une coxalgie, une maladie de l'articulation de la hanche se caractérisant par une douleur et une impotence fonctionnelle, qui apparut dès les premiers pas de la petite fille. Cette tuberculose osseuse, qu'on ne savait pas traiter, était particulièrement répandue dans la région d'origine de la mère de Mileva, le Monténégro, et son hérédité malheureusement prouvée car Zorka, sa petite sœur, en fut également affligée. Mileva fut une enfant particulièrement désirée par ses parents. Ils durent patienter huit années après leur mariage avant sa naissance le 19 décembre 1875. Son père, Milos Marić fut le premier à s'apercevoir des facultés intellectuelles de Mileva et notamment de ses dons en mathématiques. Loin de considérer l'intelligence supérieure de sa fille comme une tare supplémentaire pour lui faire contracter un bon mariage, il la poussa dans les études. La famille Marić pouvait en effet offrir à leur fille le coût d'une longue scolarité.

Avant la naissance de Mileva, Milos Marić occupait le poste de sergent-chef de la police de la frontière militaire, une zone instaurée par les Habsbourg afin de faire barrage à leur voisin, l'envahissant Empire ottoman. Il avait également acheté une belle ferme dans la région de Voïvodine, à Kàc, un village voisin de Titel où Mileva était née et où elle résidait avec sa mère et ses grands-parents. Malgré sa naissance en province serbe, les aléas de l'Histoire faisaient de Mileva Marić un sujet de l'Empire austro-hongrois.

Après la démilitarisation de la frontière, Milos Marić, qui parlait couramment l'allemand, obtint en 1882, un poste de greffier au tribunal du district de Ruma (située à cinquante kilomètres de Belgrade). Il fit venir sa famille qui s'agrandit avec l'arrivée d'une fille, Zorka (1883), et d'un fils (1885), baptisé Milos comme son père. Mileva fut scolarisée dans le district. Elle éblouissait ses professeurs par ses aptitudes en mathématiques, en langue (maîtrisant parfaitement l'allemand en plus du serbo-croate), en peinture et en musique.

À cette époque, l'éducation des filles dans l'Empire austro-hongrois s'arrêtait à la porte du lycée, seule voie pour préparer l'élève à des études universitaires. Milos Marić, conscient des dispositions de sa fille préférée, l'envoya en 1890 en Serbie, au Lycée royal de Šabac, ouvert à l'enseignement féminin. L'ancien territoire serbe assujetti à l'Empire ottoman était devenu une principauté autonome, puis un royaume en 1882. La jeune pensionnaire y séjourna deux ans, apprenant le français et montrant une fascination pour les mathématiques. Ses amitiés n'étaient pas aussi aisées que sa scolarité. L'adolescente avait vite compris que les aspirations romantiques de son âge étaient incompatibles avec son infirmité et des traits du visage assez communs. Il n'y avait que ses yeux, comme le remarqueront plusieurs fois ses contemporains, qui pouvaient séduire ou étonner « lorsqu'ils étincelaient, pleins d'un feu intérieur », ainsi que les décrivait une amie de Mileva. Elle noua une amitié avec une jeune Serbe, Ruzica Drazić mais, dans l'ensemble, sa supériorité intellectuelle, couplée à son handicap physique, l'éloignait de ses semblables. Elle ne trouvait ni au lycée ni à la maison la stimulation et les échanges nécessaires pour briser le cercle de solitude où elle s'enfermait. Son départ pour Zagreb, capitale de la Croatie, pour rejoindre sa famille, après la nomination de son père en 1891 au poste de receveur des Redevances de la Banalité royale, n'améliora pas la situation. Elle s'inscrivit au Lycée royal supérieur, décrochant brillamment au passage un examen de grec, qu'elle n'avait pourtant jamais étudié auparavant. La dernière mention de Mileva dans les archives de l'établissement date de 1894. Elle avait souhaité compléter son cursus par des études de physiques et les résultats obtenus dans toutes les matières étaient élogieux. Mileva Marić était également pendant ces années, à en croire les archives, la seule élève féminine de l'établissement.

La santé fragile de la jeune fille, qui avait alors dix-neuf ans, aggrava un fort refroidissement en une pneumonie. À son retour de convalescence en Suisse, les discussions familiales sur son avenir reprirent. Quelques très rares pays s'ouvraient à l'enseignement supérieur pour les femmes, dont la Confédération suisse. La ville germanophone de Zurich et son université de médicine l'accueillirent dès l'été 1896.

Pourtant, à l'automne, Mileva changea brusquement d'orientation.

Réussissant son examen d'entrée à l'École fédérale polytechnique (le Polytechnikum[1]), elle fut admise en première année de la section mathématiques et physique. Mileva, taciturne et discrète auprès de ses proches, ne livra jamais la raison de ce revirement, mais, éloignée de sa famille, elle se décida à vivre le rêve qui l'habitait en explorant le champ des mathématiques et de la physique qui la fascinait depuis son enfance.

Depuis l'ouverture du Polytechnikum aux femmes, seules quatre étudiantes avaient souhaité suivre ce cursus. Non seulement l'égalité entre les sexes en matière de programme d'éducation en était à ses balbutiements dans toute l'Europe[2], mais les branches scientifiques étaient plus particulièrement considérées comme l'apanage

1. Rebaptisé depuis 1911 Eidgenössische Technische Hochschule et abrégé en ETH.

2. Pour exemple, en France, l'unification des programmes scolaires en primaire pour les deux sexes date de 1882 et pour les programmes scolaires du secondaire, 1924. Jusqu'à cette date, les filles passaient le baccalauréat en candidates libres.

des hommes. Le physicien et prix Nobel allemand Max Planck, le père de la mécanique quantique qui participera plus tard à un concile scientifique (le Conseil Slovay) avec Marie Curie et Albert Einstein, déclara, en 1897, qu'il n'était pas opposé à ce qu'une femme entreprenne des études scientifiques, mais qu'il fallait lui donner valeur d'exception car on ne saurait trop souligner que la nature destinait les femmes à des fonctions maternelles ou à des tâches ménagères[1].

Seule femme à s'inscrire cette année-là, Mileva eut pour condisciple un jeune allemand de quatre ans son cadet du nom d'Albert Einstein. Né à Ulm, en Allemagne, dans une famille juive peu pratiquante, Albert fut scolarisé à Munich. Mais les affaires de son père, propriétaire d'un atelier d'électrochimie, périclitèrent. Le soutien financier de parents transalpins de sa femme l'incita à transférer l'entreprise familiale en Italie, d'abord à Pavie puis à Milan. En pure perte. Ruiné, Hermann Einstein était demeuré en Italie et vivait avec sa femme Pauline et sa fille Maja, tandis qu'Albert continuait ses études en Allemagne. Le jeune homme tenta ensuite le concours du Polytechnikum à Zurich, auquel il échoua une première fois, avant de réussir en 1896, la même année que Mileva.

1. Plus près de nous, l'exemple de Rosalind Franklin rappelle la difficulté à percer dans ce monde masculin. En 1953, trois chercheurs publièrent leur découverte cruciale sur la structure de l'ADN en double hélice, pour laquelle ils recevront le prix Nobel en 1962. Ils omettront simplement de mentionner qu'ils avaient bénéficié des travaux de Rosalind Franklin, transmis à son insu.

La Suisse offrait pour les Slaves la possibilité de poursuivre des études supérieures que leur pays d'origine leur refusait, soit par absence d'offre universitaire (palliant le manque par l'attribution de bourses pour se rendre à l'étranger), soit par exclusion pour des motifs ethniques, religieux ou de sexe. Les étudiantes cumulaient souvent plusieurs de ces « handicaps ». Dans ces conditions, ainsi que le souligne dans ses recherches[1] le sociologue Victor Karady, il ne fut pas étonnant de voir les filles émancipées des classes bourgeoises s'inscrire en nombre croissant dans les universités occidentales. Et plus particulièrement en Suisse et en France, dépassant en cela celui des étudiantes autochtones, au point de constituer, de 1882 à 1913, 90 % de l'effectif féminin estudiantin de la Confédération suisse.

Mileva retrouva ainsi son amie de lycée, la jeune Serbe, Ruzica Drazić, qui avait obtenu une bourse d'études. Cette dernière l'introduisit auprès d'un groupe de filles slaves qui logeaient comme elle dans des pensions zurichoises. Les étudiantes profitaient de leur temps libre pour faire de la musique, chanter ou partir randonner en montagne. À son tour, Mileva leur présenta ses compagnons du Polytechnikum, dont Marcel Grossmann et Albert Einstein.

La musique était un ciment fort qui liait ces expatriés. Albert avait été initié, sans joie, au violon dès l'âge de

---

1. Victor Karady, « La migration internationale d'étudiants en Europe, 1890-1940 », *Actes de la recherche en sciences sociales*, 5/2002 (n° 145), p. 47-60.

cinq ans, sur ordre de sa mère, Pauline, elle-même excellente pianiste. Le petit garçon boudeur et furieux de se voir imposer cet instrument avait fini par se prendre de passion pour le violon dont il jouait à la moindre occasion. Il écrivit ainsi à sa mère, après son installation à Zurich, qu'il en jouait « le samedi soir avec ses camarades, chez une jeune fille d'ici », et que ces moments constituaient « les plus belles heures de la semaine ». Pour sa part, Mileva ne partait jamais en randonnée sans la tamburitza, un instrument typique des Balkans, croisement entre la balalaïka russe et la mandoline italienne, qui lui servait d'accompagnement pour chanter des airs de son pays. Elle possédait une très belle voix, « de celle qu'on n'oublie pas » ainsi que s'en souviendra la fille d'une de ses amies.

Les relations qu'elle entretenait avec Albert étaient de pure camaraderie. Elle se mettait en retrait dans les conversations, paraissant distante et méfiante, et n'exposait que dans l'intimité les aspects plus souriants de sa personnalité. Mileva se concentrait principalement sur ses études et n'envisageait pas le mariage. Elle se savait physiquement peu attrayante. De surcroît, elle avait conscience qu'il était extrêmement difficile pour une femme d'espérer faire carrière en ayant une vie de famille. Elle quitta Zurich en octobre 1897 pour suivre un semestre d'études de physique et de mathématiques à Heidelberg, à deux cent cinquante kilomètres de là et, d'après ce que laisse entendre une phrase de sa correspondance, sans en informer son compagnon sur les bancs de la Polytechnikum. Elle n'avait pas toutefois la possibilité de s'inscrire à l'université Ruperto-Carola comme n'importe quel autre étudiant de sexe masculin. Il lui fallut solliciter auprès de chaque professeur l'autorisation de suivre les cours souhaités. Elle prit pension au 57, Plöckstrasse et répondit pendant l'automne à une lettre que lui adressait Albert Einstein. Le courrier débutait ainsi : « Il y a déjà assez longtemps que j'ai reçu votre lettre, et je vous aurais répondu aussitôt, je vous aurais remercié de vous être sacrifié en écrivant quatre longues pages, [...] mais vous avez dit que je devais vous écrire que si soudain je m'ennuyais. Et je suis très docile [...], j'ai attendu, et attendu qu'enfin l'ennui fît son apparition ; mais jusqu'à aujourd'hui, mon attente a été vaine. »

Les études primaient sur l'intérêt que le jeune homme semblait lui porter. Dans la première lettre conservée d'Einstein à Mileva, datée du 16 février 1898, il lui conseilla, lorsqu'elle exprima le désir de rentrer à Zurich, « de le faire aussitôt que possible ».

Les paradoxes de l'amour sont ainsi faits que les séparations provoquent parfois des rapprochements ! À son retour, Albert lui rendait visite tous les jours. L'entourage s'étonnait qu'il puisse s'intéresser à une jeune fille boiteuse et commune, dont l'une de ses relations, Milena Bota, dressa un portrait[1] peu engageant. Lorsqu'elle la rencontra pour la première fois, elle déclara à son sujet : « Elle a l'air d'être une très brave fille, très sensée et très sérieuse ; petite, frêle, châtain, laide, parle comme un livre, boite un peu, mais elle a un très joli maintien. »

1. Lettre du 12 mars 1898 de Milena Bota à sa mère.

Malgré cela, rapidement, Milena rapporta à sa mère le plaisir qu'elle avait en compagnie de cette fille taciturne : « Je suis la plupart du temps avec Mileva. [...] Quand je veux bavarder, je vais voir Mitza », (son surnom). Elle plut également à ses colocataires et leurs lettres témoignent de leur gaieté. Mileva, dans la plus stricte intimité, savait se montrer spirituelle et faire rire.

Albert n'était pas non plus un modèle de beauté : les cheveux ébouriffés, peu porté sur l'hygiène, vêtu à la diable. Il était affligé d'une très mauvaise mémoire qui exaspérait ses professeurs et sa logeuse. Plus d'une fois, elle dut descendre en pleine nuit lui ouvrir la porte car il avait égaré ses clés. Mileva se moquait tendrement du côté lunatique de « son extravagant », ainsi qu'elle le surnomma par la suite, et riait de ses plaisanteries.

Pendant l'été 1899, il montra à sa mère une photo de sa chère Doxel, petit nom affectueux qu'il donnait à Mileva, déformation bavaroise du mot poupée. Il lui écrivait de longues lettres, une constante chez Albert Einstein, inlassable épistolier, qui entretint une incroyable correspondance tout au long de sa vie, pour le plus grand bonheur de ses biographes. De celle qui exista entre Mileva et Albert ne subsistent plus que cinquante-quatre lettres, dont une dizaine seulement émane de la jeune Serbe.

Les missives où Albert encourageait Mileva, partie à Kàc, chez ses parents, à réviser ses examens, soulignaient les qualités intellectuelles de la jeune fille : « Écrivez-moi encore que le bourrage de crâne avant votre examen vous fait beaucoup de bien, ça fait plaisir à entendre. Vous êtes vraiment un type de première et il y a beaucoup de force vitale et de santé dans votre petit corps. » Quant à Mileva, elle se laissait aller à des accès de jalousie... concernant ses lectures et les conversations intellectuelles partagées avec d'autres lorsqu'ils étaient éloignés. Il lui promettait pour l'apaiser de « tout revoir avec elle ».

Les résistances de Mileva s'effacèrent et elle lui avoua son amour : « De tout ce que nous avons vécu en commun est né un sentiment étrange, encore caché, mais qui s'éveille au plus léger frôlement. »

Au retour des vacances d'été, Mileva et Albert devinrent amants.

À la fin de l'année scolaire 1900, la situation se renouvela, chacun repartant dans sa famille. Les lettres d'Einstein ne laissaient planer aucun doute sur ses sentiments amoureux. « Où que j'aille, se plaignait-il, je ne me sens nulle part chez moi. Il me manque deux petits bras, et le brûlant petit museau plein de tendresses et de câlins. »

Il annonça sa décision d'épouser Mileva à ses parents, suscitant une levée de boucliers. Sa mère pleura, tempêta, lui fit jurer de ne pas faire de Mileva sa maîtresse : « Si elle est enceinte, tu seras dans de beaux draps ! » La famille d'Einstein reprochait à la jeune femme d'être « laide, difforme, vieille [elle était son aînée de quatre ans], de ne pas être juive, d'être Serbe [autant dire qu'elle était une sauvage pour des Allemands], qu'elle nuirait à sa carrière ». Cette animosité ne cessera jamais et pèsera lourdement dans le ménage.

Car Einstein avait décidé de passer outre et d'épouser « son Tout », « sa petite main droite » avec laquelle il partageait une communauté d'idées et la même passion pour les sciences. « Je sais que tu m'aimes intensément et que c'est toi qui me comprends le mieux », lui assurait Albert. Les échanges amoureux étaient indiciblement imbriqués avec les échanges intellectuels. Albert et Mileva se révélaient les meilleurs interlocuteurs l'un pour l'autre.

Mais la première faille dans cette histoire d'amour entre deux étudiants doués apparut avant l'été, avec les derniers examens pour l'obtention du diplôme permettant d'enseigner dans les collèges. Albert l'obtint, Mileva échoua. (Elle fut néanmoins ex æquo avec Einstein en physique expérimentale.)

La jeune Serbe était effondrée. Albert l'encouragea à se représenter l'année suivante. Lui-même affrontait un nouveau problème : sa tante, qui avait subvenu à ses besoins pendant ses études, lui coupait à présent les vivres puisqu'il avait obtenu son diplôme. Il demanda et obtint la naturalisation suisse et rechercha activement du travail. Il lui était impossible d'épouser une femme sans garantir les besoins du ménage. En raison de son attitude, jugée arrogante, qui l'avait agacé au fil des années, le professeur Weber du Polytechnikum l'écarta de tous les postes susceptibles de lui convenir au sein de l'établissement. Au printemps 1901, Albert, cruellement démuni, rentra à Milan où, au moins, il serait nourri. Mais l'atmosphère était empoisonnée par la simple évocation de sa relation avec Mileva.

La jeune fille, quant à elle, se torturait sur son avenir. Son échec avait fortement contrarié sa famille, et ses timides tentatives pour annoncer sa relation avec Einstein provoquaient inquiétude et rejet, sans jamais toutefois rencontrer la même violence que chez les parents d'Albert.

La chance sourit finalement à Einstein qui partit de mai à juillet 1901 remplacer un professeur dans une école suisse. Sur le chemin, il passa un week-end radieux avec la jeune femme. Ce fut peut-être à cette occasion que Mileva tomba enceinte.

En juillet 1901, la jeune Serbe échoua à sa seconde tentative d'obtenir son diplôme.

Les détracteurs de Mileva, dans leur souci d'attribuer à Albert la seule paternité de ses travaux, ont vu dans cet échec la certitude que la jeune femme était arrivée au bout de ses compétences en matière scientifique. Il conviendrait certainement de montrer plus d'indulgence et de se replacer dans le contexte de cette période.

À vingt-six ans, coiffant sainte Catherine, elle avait commis la faute très grave d'être enceinte, sans être mariée, d'un homme sans ressources, et de surcroît juif. L'antisémitisme ambiant ne facilitait pas les espoirs de réussite. Les familles respectives étaient opposées au mariage et, professionnellement, Mileva avait conscience qu'être mère lui fermerait la plupart des portes. Quant à sa réputation, elle était sérieusement entachée. Ce qui ne plaçait pas cette jeune femme dans les conditions idéales pour réviser et passer un examen, fût-elle redoublante.

Mileva retourna dans sa famille pour accoucher à la fin du mois de janvier 1902 d'une fille prénommée Liserl. Einstein, qui avait espéré un garçon, lui écrira néanmoins qu'il se réjouissait de cette naissance, sans mentionner, fait rarissime, une seule fois dans cette lettre ses travaux ou ses lectures scientifiques ! Les parents d'Einstein poursuivront leur entreprise de démolition du couple en expédiant une missive très insultante à M. et Mme Marić, affectant profondément Mileva. « Je n'ai jamais cru qu'il pouvait y avoir des gens aussi méchants et dénués de cœur », confia-t-elle à une amie.

Elle ne pouvait plus compter que sur Albert pour lui offrir une vie décente. Or, il venait d'être engagé à Berne au bureau des Brevets, ce qui lui garantissait un salaire. En 1903, Mileva le rejoignit dans cette ville et l'épousa civilement le 6 janvier.

Liserl n'était pas avec elle.

Hormis les lettres évoquant sa naissance et l'indication qu'elle aurait contractée la scarlatine, la correspondance entre les deux amants qui a survécu jusqu'à nous ne fera plus jamais état de son existence. À Novi Sad, ville serbe du royaume de Hongrie et intégrée dans l'Empire austro-hongrois, là où la famille Marić s'était établie, aucun registre de décès ou de naissance ne mentionne l'enfant. On ne saura jamais ce qu'il est advenu de Liserl, si elle décéda d'une maladie infantile ou si elle fut adoptée. Néanmoins, l'attitude d'Albert en 1935 semble accréditer la thèse de l'adoption. En effet, il engagea un détective privé pour enquêter sur une jeune femme en Europe qui se prétendait sa fille. Ce qui tendrait à prouver qu'à l'époque où le couple fut réuni à Berne, il savait que Liserl était vivante.

Les époux s'offrirent à l'automne 1903 une lune de miel qui avait été différée pour raison financière. Mileva en revint enceinte d'Hans Albert qui naquit le 14 mai 1904. Albert se révéla un bon père, proche du garçonnet, mais Mileva avait été profondément meurtrie par les événements des années précédentes. Elle était toujours en butte à l'animosité de sa belle-famille et se réfugia dans l'attitude qui était la sienne, lorsqu'elle se sentait menacée : le repli sur soi. La joyeuse bande d'amis d'Albert la jugeait taciturne, ne se mêlant que rarement aux conversations. Les biographes d'Einstein soutiennent souvent que la raison en était son incapacité à participer à des échanges qui dépassaient ses connaissances scientifiques. Or, les courriers adressés à sa famille et ses amis témoignent au contraire que son mari la prenait à témoin de ses recherches. Elle croyait profondément au génie de son mari et tant que le couple maintenait l'équilibre d'un amour partagé pour les sciences, Mileva réussissait à s'en satisfaire.

Une anecdote, non confirmée, jette une lumière sur la conception que Mileva avait de cette union. Albert dessina au cours de l'été 1907 un instrument pour mesurer d'infimes variations électriques. Les frères Conrad et Paul Habicht se chargèrent de la réalisation du prototype. Mileva aurait perfectionné l'invention et, lorsque le brevet fut déposé, Paul Habicht se serait étonné de ne pas voir y figurer Mileva. Celle-ci lui aurait alors répondu, utilisant le jeu de mot que son patronyme rendait possible, puisque *ein Stein* signifie une pierre en allemand : « À quoi bon ? Nous ne faisons plus tous les deux qu'une seule pierre. »

La polonaise Marie Curie et son époux Paul avaient reçu le prix Nobel de physique en 1903. Une telle consécration avait certainement accentué l'amertume de Mileva, lui rappelant ses propres échecs académiques, et renvoyant peut-être l'image d'une ambition inassouvie, formée pendant ses études, d'un duo scientifique avec Albert. Mais elle s'était faite à l'idée d'être l'oreille discrète, attentive et admirative des théories géniales de son époux. Elle sut en tout cas lui offrir le creuset idéal pour y développer ses idées. 1905 fut décrétée l'année miracle *(annus miraculis)* d'Einstein, car il publia quatre articles[1] révolutionnant la physique.

L'intérêt grandissant suscité par ses communications le poussa à envisager une carrière universitaire. Il rejoignit l'université de Berne, puis celle de Zurich en octobre 1909. Mileva rapporta à son amie de longue date, Hélène Savic, qu'Albert comptait à présent au nombre des tout premiers physiciens de langue allemande, et qu'elle se réjouissait de ses succès bien mérités.

Le 28 juillet 1910, la famille s'agrandit avec l'arrivée d'un deuxième fils, Édouard. Le couple s'exila deux années à Prague. Le terme n'est pas trop exagéré pour décrire les sentiments de Mileva vis-à-vis d'une ville germano-tchèque divisée par des querelles nationalistes où son mari faisait partie de la bonne société allemande, tandis qu'elle se sentait plus proche des Tchèques. Elle

1. « Un point de vue heuristique sur l'émission et la conversion de la lumière » ; « Une nouvelle estimation de la taille des molécules » ; « Du mouvement de petites particules en suspension dans un liquide immobile » ; « Sur l'électrodynamique des corps en mouvement ».

poussa un soupir de soulagement à leur retour à Zurich, sa ville préférée.

Albert avait d'autres préoccupations. Il avait renoué avec une cousine berlinoise, Elsa Löwenthal, mère de deux filles, qui venait de divorcer. Il en tomba amoureux, lui déclarant qu'il n'aimait plus Mileva et ne la tolérait à ses côtés « que par pitié ». Sa liaison avec Elsa rendait certainement encore plus alléchante la proposition de l'université de Berlin qu'il accepta le 7 décembre 1913. Il se rapprocherait d'Elsa et retrouverait également toute sa famille, car les Einstein étaient rentrés en Allemagne après le décès de son père. Mileva était paniquée. Albert écrivait à Elsa à ce sujet : « Elle ne cesse de brailler à propos de Berlin et de sa peur de ma famille. [...] À vrai dire, elle n'a pas tort. »

Mileva était également au courant qu'une affection particulière l'unissait à Elsa, lorsque cette dernière avait adressé une carte ambiguë pour le trente-quatrième anniversaire d'Einstein. Elle suivit tristement Albert à Berlin. Hans Albert, l'aîné, détestait cette nouvelle existence autant que sa mère. Albert avait signifié à sa femme qu'elle ne devait plus attendre la moindre affection de sa part et, dans une lettre, lui détaillait les conditions pour demeurer à ses côtés, la transformant en simple bonne, priée de quitter son bureau dès qu'il en donnait l'ordre, sans protester et en silence.

La Première Guerre mondiale facilita la séparation du couple.

Mileva passait des vacances à Zurich lorsqu'en juillet, l'Autriche-Hongrie lança un ultimatum à la Serbie. Elle exhorta son mari à revenir en Suisse. Albert affirma que la guerre ne l'empêchait nullement de travailler, et Mileva logea sa famille dans une petite pension, en attendant des jours meilleurs.

Ils ne vinrent pas : en 1916, Albert demanda le divorce. Le coup fut si douloureux que Mileva en tomba malade. Son mari, persuadé qu'il s'agissait d'une manœuvre pour le retenir, traita la nouvelle avec mépris, tandis que les amis de Mileva recueillaient en hâte les deux enfants pendant l'hospitalisation de leur mère. Albert séjourna plusieurs fois à Zurich durant la guerre pour voir ses enfants et convaincre Mileva d'accepter le divorce. La famille vivait chichement. Les versements que leur faisait Albert arrivaient irrégulièrement, ce dont Einstein n'était pas toujours responsable. Dans les lettres qu'il adressait alors à Elsa, il se plaignait de l'influence négative de Mileva sur les enfants, la rendant coupable de l'attitude révoltée d'Hans Albert à son égard, et exagérant les problèmes de santé du jeune Édouard., trop pouponné selon lui.

En avril 1918, Hans Albert écrira à son père qu'il ne saisissait pas la gravité de la situation familiale. Édouard était régulièrement malade (il souffrait en fait de troubles mentaux et sera diagnostiqué schizophrène), et ils n'arrivaient pas faire face au coût des soins.

En février 1919, Mileva signa les papiers de divorce, incluant une clause prévoyant enfin que les pensions lui seraient directement réglées et non envoyées par des intermédiaires comme Albert avait pris l'habitude de le faire, et que le montant du prix Nobel à venir lui serait versé. C'était là manifester une belle confiance dans les aptitudes d'Einstein, puisqu'il ne le reçut qu'en 1921 !

En juin de la même année, Einstein épousa sa cousine (de cinq années plus âgée). Elsa, mondaine et sociable, lui procurait le confort ménager auquel il aspirait. Il adopta ses deux filles, Margot et Ilse. Le temps où Albert était « heureux » d'avoir en Mileva « son égale, aussi forte et indépendante que lui[1] » était terminé. Il avoua un jour à son ami Michele Besso : « Nous, hommes, sommes de lamentables créatures dépendantes. Je l'admets avec joie. Mais, en comparaison de ces femmes, chacun d'entre nous est un roi. » Ce que les auteurs Roger Highfield et Paul Carter résumèrent dans leur ouvrage *The Private Lives of Albert Einstein* en soulignant que son goût des femmes (Elsa sera trompée) « se combinait avec un mépris pour leur intellect et leur personnalité, proche de la misogynie ».

Les années qui suivirent le divorce n'apportèrent pas la paix à Mileva.

Avec l'argent du prix Nobel décerné à Albert, elle acheta trois maisons de rapport à Zurich, espérant ainsi mettre sa famille à l'abri du besoin. Mais le coût des soins que réclamait l'état mental d'Édouard l'obligea à en vendre deux. Hans Albert avait dans un premier temps rejeté son père, d'autant plus que celui-ci avait opposé de sérieuses résistances à son mariage avec Frieda Knecht en 1927. Le jeune homme, ingénieur diplômé du Polytechnikum, avait passé outre. Mais le père et le fils finirent cependant

1. Lettre du 3 octobre 1900.

par se réconcilier. En 1938, Hans-Albert émigra avec sa famille aux États-Unis où Albert résidait depuis 1932. Il occupa le poste de professeur en génie hydraulique à l'université de Berkeley en Californie.

Pour Mileva, la situation après son départ empira. Elle avait enterré son père. Sa mère décéda en 1935, et sa sœur Zorka disparut à son tour en 1938. À partir de 1930, il fut impossible de nourrir une quelconque illusion au sujet d'Édouard. Sa maladie mentale l'empêchait de terminer ses études de médecine et d'avoir une vie normale. Son ex-belle famille, toujours hostile, murmurait que la tare ne pouvait venir que de son côté, puisque sa sœur Zorka était morte folle. Mileva vivait à présent dans l'appartement zurichois, au 62 Hauptstrasse, en compagnie de son fils et de l'infirmier de celui-ci. Agité, très gros, il se mettait parfois dans des fureurs épouvantables et brisait tout sur son passage.

Lors d'une de ces crises, en juillet 1948, Mileva s'effondra, le cœur épuisé. Transportée à l'hôpital, elle y décédera le 4 août. Édouard sera placé dans un hôpital psychiatrique où il finira ses jours. Mileva fut enterrée à Zurich, au cimetière de Nordheim. La notice nécrologique placée dans le journal local ne fera pas mention de ses liens avec le célèbre savant.

Aux États-Unis, et dans le monde entier, Albert Einstein était devenu une légende vivante. Une petite fille lui écrira même pour vérifier s'il existait vraiment. Devenu veuf, après la mort d'Elsa, il écrira ironiquement à Jakob Ehrat, le 12 mai 1952, qu'il allait bien « dans la mesure où j'ai survécu au nazisme et à deux femmes ».

Jakob Ehrat, qu'il avait connu en Suisse, était au courant de son premier mariage. Mais en dehors de ses amis de jeunesse, Einstein se montrait discret à ce sujet. Il n'entretenait plus aucune relation avec son fils schizophrène. Ses exécuteurs testamentaires veillèrent scrupuleusement à faire d'un génie de la science un être moralement irréprochable, auquel on ne pouvait attribuer une femme boiteuse, un adultère, une enfant non reconnue et un autre atteint de maladie mentale. Pour cette raison, ils empêchèrent la publication en 1958, trois ans après le décès du physicien, du livre de Frieda Einstein, la femme de Hans Albert, qui contenait des lettres familiales.

Mileva demeura d'une discrétion exemplaire jusqu'à la fin de sa vie, sans tenter de nuire à la réputation de son mari. Elle respecta jusqu'au bout l'amour qu'elle avait eu pour Einstein, et resta dans l'ombre de la lumière qu'il projetait à présent sur le monde.

L'Amazone des sables

Marga d'Andurain

Le mariage, pour une jeune fille de la bonne société en 1909, où débute notre histoire, était une affaire essentielle. Il fallait dénicher un beau parti et favoriser les alliances interfamiliales. Bien qu'une réforme du code ait prévu depuis quatre ans que les époux se devaient réciproquement l'amour, l'union était avant tout d'argent, car gagner sa vie pour une femme était un acte sordide et signe d'une pauvreté absolue. Le seul droit de la jeune épousée était de régner sur le foyer, excellant à montrer ses talents de brodeuse, de pianiste ou de dessinatrice, inculqués dans les couvents où elle avait été éduquée.

Jeanne Amélie Marguerite Clérisse, dite Marga, née au sein d'une famille basque originaire de Bayonne, catholique et conservatrice, n'échappait pas à la règle. Mais à seize ans, l'adolescente y ajoutait une aspiration romantique mêlée d'une vive impatience qu'elle partageait avec sa jeune cousine Colette. Et puisque les bals où elles se rendaient dûment chaperonnées ne révélaient pas assez vite le nom de l'élu, elles eurent recours au dialogue avec l'au-delà.

Faire tourner les tables, amusement de salon qui avait séduit Victor Hugo, leur aurait attiré les foudres maternelles si elles avaient été surprises dans leur entreprise. L'Église désavouait clairement le spiritisme, les démons soufflant à coup sûr les réponses. Mais précisément, si le diable s'en mêlait, Marga pouvait avoir toutes les chances d'obtenir une réponse à sa question, en raison de sa proximité supposée avec Satan. La tradition familiale gardait en effet en mémoire un exorcisme qu'aurait subi la jeune fille lorsqu'elle avait douze ou treize ans. Son tempérament indiscipliné, s'était indignée sa mère, provenait à coup sûr d'une influence démoniaque et un prêtre de Bayonne avait été chargé de pratiquer le rituel. Pour assurer la pérennité des effets, la famille l'avait expédiée dans un couvent espagnol, crise des congrégations oblige, depuis la séparation de l'Église et de l'État. Elle y gagna le diminutif de Marga, qui devint son prénom à part entière, en revint brodeuse experte (sa mère clamait qu'elle avait des doigts de fée), mais l'esprit toujours aussi frondeur.

Le guéridon obéit au doigt et à l'œil de Marga et épela les premières lettres d'un nom : P.I.E.R.R.E.D.A.

Quelque temps plus tard, sur la longue plage de Biarritz, Marga croisa un cousin de belle prestance, cavalier émérite, de dix ans son aîné, Pierre d'Andurain. Le P.I.E.R.R.E.D.A. des tables tournantes, à n'en pas douter, qui enflamma le cœur de la brune bayonnaise. Néanmoins le soupirant, s'il apportait dans la corbeille des noces une particule fort agréable pour la belle-famille, n'avait pas le sou et, de surcroît, n'avait pas compris que la vie de rentier à laquelle il aspirait appartenait à une époque révolue. Le père Clérisse, magistrat de profession et flairant le désastre, exigea un régime dotal garantissant une somme d'argent à sa fille, disponible uniquement en cas de décès ou de divorce du conjoint, ainsi que la promesse que son futur gendre allait se mettre au travail dès la bague passée à son doigt. Deux décisions qui influèrent lourdement sur l'avenir.

En février 1911, on les maria à la cathédrale de Bayonne.

Le couple préféra mettre une distance salutaire avec le beau-père magistrat et prolongea longuement sa lune de miel afin d'éviter le sujet délicat de l'absence de situation professionnelle de Pierre d'Andurain. Marga découvrit le soleil d'Afrique du Nord et les joies de la maternité en mettant au monde son premier enfant, Jean-Pierre, surnommé Pio, en décembre 1911 à Tlemcen, en Algérie. L'affection entre les deux époux, sincère, sera durable. Marga professera plusieurs fois que Pierre fut toujours « l'ami le plus sûr et le plus dévoué » rencontré dans son existence En revanche, sa première relation sexuelle la déçut. « Ça n'est que cela ! » ainsi qu'elle le confiera dépitée à une proche. Quant à Pierre, malmené au cours de sa vie conjugale, il conservera sa dévotion à sa femme, avouant plus tard à l'un de ses fils qu'on le croyait parfois malheureux, à tort, car Marga « l'amusait follement, elle était drôle, très très drôle et toujours renouvelée[1] ».

1. Pour les citations de Marga d'Andurain et de ses descendants, voir bibliographie en fin d'ouvrage.

Le couple vivait chichement des subsides envoyés discrètement par les membres de la famille ; il fallut finalement rentrer en France l'année suivante et affronter le courroux familial.

Les Andurain et les Clérisse se concertèrent pour résoudre l'épineux problème que posait Pierre, que le travail indisposait comme indigne de sa particule et de son éducation. L'émigration apparut alors comme la bouée de sauvetage financière.

Le pays basque ajoutait en effet à ses sept provinces historiques une huitième englobant tous les pays où sa population tentait d'y faire fortune. L'Argentine[1] accueillait à tour de bras les natifs d'Euskal Herritar depuis le XIXe siècle, et le couple allait s'y sentir comme à la maison. Pierre, féru d'équitation, accepta d'aller s'y livrer à l'élevage des chevaux, seule occupation qui n'allait pas le déshonorer. Marga s'enthousiasmait à l'idée de retrouver « le soleil brûlant » qui l'avait séduite en Afrique du Nord, ayant pris « en horreur les pays froids, brumeux, sans lumière ».

L'aventure argentine qui s'annonçait pourtant prometteuse tourna court ; la Première Guerre mondiale ramena le couple en France. Pierre partit se battre avant d'être réformé en 1916, juste à temps pour assister à la naissance de leur second fils, Jacques, né en novembre.

La guerre achevée les laissait désargentés. Marga résolut de faire bouillir la marmite en s'occupant d'abord

1. De 1853 à 1943, douze des vingt présidents argentins seront d'origine basque, selon Euskal Argentina Elkartea.

discrètement de décoration, revendant des appartements parisiens qu'elle avait au préalable transformés, puis en s'associant avec un Suisse, détenteur d'un brevet de fabrication de perles artificielles. Il installa un atelier dans son appartement parisien et Marga améliora l'orient de ces fausses perles, lancées sous la marque Arga. Il n'en restait pas moins que, pour leurs familles, ouvrir une boutique déconsidérait une femme du monde. La jeune Basque trancha le dilemme avec l'impétuosité qui était la sienne. Elle embarqua son mari, ses fils, ses vingt-cinq malles et l'argent de la vente du brevet pour l'Égypte. Loin de l'opprobre familial, elle pouvait en toute liberté représenter une marque de cosmétiques, Mary Stuart. Consciente que le parfum de l'Ancien Régime lui ouvrirait plus sûrement les portes des salons de la bonne société cairote que la qualité de ses produits, Marga, à peine débarquée, devint vicomtesse d'Andurain, distribuant à tour de bras les cartes de visite fraîchement imprimées à Paris. L'allant de la jolie brune aristocratique fit merveille et les finances du couple s'améliorèrent. Pierre montait à cheval, tandis que Marga, depuis sa rencontre avec le major Sinclair, officier britannique de l'Intelligence Service de Haïfa, s'intéressait à l'archéologie.

La communauté française se méfiait de cette royaliste, fidèle à l'Action française, représentante en cosmétiques. Les sujets de sa gracieuse majesté l'avaient, quant à eux, accueillie à bras ouverts. Le major Sinclair, bel homme grand et brun de quarante-cinq ans, des plus séduisants, lui offrit de l'accompagner en Palestine et en Syrie, en compagnie de la baronne Brault, anglaise de naissance.

Une amie de Marga l'avertit qu'accepter le voyage renforcerait la suspicion d'espionnage à son égard, et l'amènerait à être fichée par le service des renseignements français. En effet, au sortir de la Première Guerre mondiale, l'Empire britannique, bien implanté au Proche-Orient et au sommet de sa puissance, avait cherché à faire main basse sur les ruines de l'ancien Empire ottoman. Les Français avaient bataillé ferme pour satisfaire leurs ambitions, plus modestes. La SDN leur avait concédé un mandat[1] sur les États du Levant (Syrie et Liban) et la France se montrait très chatouilleuse à ce sujet. La trentenaire n'en eut cure et partit joyeusement, en 1927, dans la Buick décapotable du major découvrir Haïfa, Jérusalem et Beyrouth.

À Damas, les deux dames ne se parlaient quasiment plus, l'une étant probablement jalouse des attentions que l'officier accordait à l'autre. La baronne voulait poursuivre la route vers Bagdad, en Irak ; la vicomtesse vers Palmyre, en Syrie. Marga, qui avait déjà gagné le cœur du major, remporta également la victoire sur leur prochaine destination et on opta pour Palmyre. La baronne vaincue se prétexta souffrante et s'enferma dans sa chambre d'hôtel. Le major, soudain généreux, offrit deux jours de congé à son chauffeur. L'officier et la vicomtesse parcoururent

1. Un mandat, à la différence d'un protectorat ou d'une colonie, est un territoire autonome provisoirement administré au nom et par délégation de la Société des Nations (SDN) par une nation occidentale qui s'engage à organiser l'administration des populations par elles-mêmes.

donc seuls les deux cent cinquante kilomètres qui les séparaient de Palmyre.

La route était longue, chaotique, poussiéreuse ; les arrêts fréquents pour faire refroidir le moteur ou désensabler la Buick, les roues enfoncées sur la piste. Le major et la vicomtesse eurent le temps de se confier leurs insatisfactions maritales respectives.

Palmyre, « l'oasis des palmiers » des Romains surgit enfin et éblouit Marga.

Il s'agissait là d'un véritable coup de foudre, ainsi qu'elle le raconta : « L'impression que j'en ressentis fut formidable. Cet immense champ de ruines dorées. Ces files de colonnes perdues dans le sable, ces horizons sans limites, cette palmeraie dont l'étendue vert sombre tranchait sur l'étendue vide du désert et, par-dessus tout, cette solitude, ce silence, cette vie qui semblait celle d'un autre monde, me firent comprendre d'emblée que j'avais découvert la demeure de mes rêves. »

L'antique Tadmor des Araméens avait connu son apogée durant son annexion à l'Empire romain, à partir de l'an 19 de notre ère. Oasis dans le désert, à mi-chemin entre la Méditerranée et la Mésopotamie, ville étape pour les caravanes, Tadmor devenue la riche Palmyre se couvrit de monuments gigantesques. Mais une fois les ambitions de la reine Zénobie contrecarrées par l'empereur Aurélien en 272, elle s'enfonça lentement dans l'oubli.

Dans ce cadre idyllique pour alimenter une passion naissante, Marga et le major partagèrent la même chambre dans l'étrange hôtel Kettaneh, construit en béton armé, inachevé, perdu dans le désert, mais avec une vue imprenable sur les ruines...

Le lendemain, la jeune femme, coutumière des décisions impulsives et fantasques, exposa son projet à son amant. Elle allait liquider son affaire au Caire et venir s'installer ici. Pierre, qui n'aimait que les chevaux et l'armée, se complairait à proximité de la garnison française. Une fois la jeune femme rassurée sur le sort de son mari, elle pourrait peut-être envisager leur liaison sous un angle autre que celui de l'adultère.

En attendant, il fallait déménager d'Égypte et le major, complaisant, usa de sa position pour faciliter les formalités de douane au passage des frontières. Pierre, facilement convaincu et parti en éclaireur, logea à l'hôtel et fut fort bien accueilli par les officiers français.

L'arrivée de Marga s'avéra digne de la prise de pouvoir de Zénobie, veuve du Roi des Rois Odeinat, qui s'était proclamée impératrice, conquérant avec ses armées l'Asie Mineure et l'Égypte avant d'être défaite par les légions romaines. L'antique Palmyre, à défaut de ressusciter une reine, se voyait dotée d'une vicomtesse.

Marga n'avait certainement pas prévu les conséquences que la venue d'une femme séduisante, française, indépendante entraînerait dans une garnison de méharistes, privés de leurs épouses, sans distraction au milieu d'un champ de ruines, fût-il grandiose, en plein désert. Pour couronner le tout, sa liaison avec le major était un secret de polichinelle. Il y avait largement de quoi s'assurer l'animosité des officiers et la suspecter d'espionnage pour le compte des Anglais.

Le capitaine Bouteille, commandant Palmyre, et son supérieur, le colonel Ripert, basé à Deir-ez-Eor sur l'Euphrate dont la garnison dépendait, prirent d'emblée Marga en grippe et demandèrent son expulsion. C'était sans compter avec le tempérament de la jeune femme, qui n'hésita jamais à monter en première ligne pour défendre ses intérêts légitimes ou les privilèges qu'elle s'octroyait.

Ces officiers, ainsi que beaucoup d'autres qui suivirent, auraient pu dire, à l'instar d'Aurélien, l'empereur romain qui eut maille à partir avec la reine Zénobie, qu'en haut lieu « on se moque de la guerre que je livre à cette femme. Mais ils n'en connaissent pas les qualités ».

Marga fonça à Beyrouth forcer la porte du colonel Catroux, chef du deuxième bureau, le service de renseignements de l'armée française. Protestant haut et fort contre ces accusations, elle obtint de faire mordre la poussière à ses détracteurs avec la mutation du capitaine Bouteille et la rédaction d'une lettre officielle la dédouanant de toute accusation d'espionnage. Une autre tête allait tomber : Félix, le gardien de l'hôtel Kettaneh qui avait eu l'indélicatesse de révéler la liaison de Marga aux militaires français.

La victoire avait cependant un goût douloureux, car le major était décédé. Le deuxième bureau croyait qu'il s'était suicidé, les Britanniques affirmaient qu'il avait été emporté par une fièvre foudroyante.

Palmyre devenait le nouveau royaume de Marga. Le couple Andurain accepta la proposition de prendre l'hôtel abandonné en gestion. L'immense bâtiment avait été destiné à servir de luxueuse étape sur la future route de Damas-Bagdad-Téhéran, mais les plans ayant été modifiés, le projet n'avait jamais abouti. Les Andurain s'y installèrent avec Pio, Jacques restait en pension en France. Ils entreprirent de redonner un nouveau lustre à l'hôtel, baptisé Zénobie. Marga fit venir les meubles du pays basque, l'argenterie portait les armes de la famille et plus d'une nappe avait été brodée par « les doigts de fée » de la jeune femme.

L'inauguration, en 1928, fut spartiate. Une femme et huit hommes. De manière générale, Marga ne tolérait que les officiers à sa table où elle servait un champagne de prix. Mais les façons cavalières du capitaine Gherardi, le commandant de la place qui avait succédé au capitaine Bouteille déplurent souverainement à la nouvelle hôtelière et la guerre fut déclarée. Mais cette fois-ci, les chamailleries avec le capitaine Gherardi furent le germe des événements dramatiques à venir.

De l'autre côté, les Bédouins suivaient avec amusement la prise de pouvoir de la reine de l'hôtel Zénobie. Le cheikh Abdallah, chef du village, percevait les subtilités de ce jeu des influences qui s'avéra plus tard mortel. Il avait été invité en France par une nièce du président Jules Grévy, vers 1880, et, initié ainsi aux et coutumes français, il se rendait compte que Marga traitait le capitaine en subalterne. Les préférences du cheikh et des Bédouins penchèrent largement en faveur de la svelte Basque et la surnommèrent « la comta ».

En 1929, le petit Jacques, âgé de treize ans, fut rapatrié de Bayonne à Palmyre, devenant le témoin privilégié de l'existence mouvementée de sa mère, écrivant à l'âge adulte sa version des événements. L'hôtel prenait son essor, favorisé par les déplacements des troupes, l'extension du camp d'aviation et la création du Service des Antiquités du Levant, avec à sa tête Henri Seyrig[1], chargé de coordonner et de faire avancer les fouilles archéologiques. L'antique cité des caravanes s'ouvrait au tourisme, qui restait cependant réservé à une élite ! Marga recevait des hôtes de marque à sa table : le groupe Pamir de la Mission Centre Asie, plus connue sous le nom de Croisière Jaune, reliant en 1931 les territoires sous mandat français au Proche-Orient à ceux d'Extrême-Orient ; Marie d'Édimbourg, reine de Roumanie ; le roi d'Espagne Alphonse XIII ; le dramaturge et diplomate Jean Giraudoux ; le producteur et animateur de dessins animés américain Walt Disney ; l'auteur célèbre de romans policiers Agatha Christie, récemment mariée au jeune archéologue Max Galloway qu'elle accompagnait sur ses chantiers de fouille… Aussi fascinée que le fut Marga d'Andurain par Palmyre, elle écrira que la ville qui surgissait, féerique, après sept heures de chaleur, de monotonie et de paysages désertiques, portait en elle toute l'invraisemblance théâtrale d'un rêve.

Ce rêve était mis à nu par l'équipe rassemblée par Henri Seyrig. En 1929, à trente-quatre ans, il venait d'être nommé directeur du service archéologique et avait immédiatement proposé à son confrère, Daniel Schlumberger, de le rejoindre avec le titre d'inspecteur du Service. Le

1. Père de l'actrice Delphine Seyrig et mari de la navigatrice Hermine de Saussure.

jeune homme fut amené à parcourir le Liban et la Syrie, mais ce fut plus particulièrement Palmyre qui devint le centre de ses recherches. Selon Pierre Amandry[1], helléniste français qui le rencontra en 1939, « La nature l'avait comblé de ses dons et l'éducation avait fait le reste : il était beau, d'allure athlétique, distingué dans ses manières, de commerce agréable et d'une politesse accomplie. »

Une telle personnalité ne pouvait que séduire une aristocrate régnant sur la ville dont il cherchait à retracer la splendeur. Daniel et Marga devinrent amants. Leur relation se prolongea probablement jusqu'en 1937, par intermittence, en raison des obligations professionnelles de l'archéologue et de la vie hautement rocambolesque de la « comta ».

Le capitaine Gherardi apprit aussitôt que le major avait été remplacé dans le lit de Marga et en informa Pio, le fils aîné Andurain. Le jeune homme supportait difficilement l'adultère de sa mère et conçut de la tuer avec une bombe artisanale avant de se suicider. Ses tentatives se soldèrent heureusement par un échec et on envoya Pio se calmer chez un oncle en Indochine.

L'année 1933 approchait. La vie sombrait doucement dans une routine déprimante pour l'intrépide Marga. Malgré des épisodes brûlants, où elle avait failli se faire lyncher après avoir abattu la mascotte des militaires, un

1. Pierre Amandry, « Notice sur la vie et les travaux de M. Daniel Schlumberger, membre de l'Académie », dans *Comptes-Rendus des séances de l'Académie des inscriptions et belles-lettres*, 122e année, n° 2, 1978, p. 482-497.

chien qui massacrait ses gazelles, ou un étrange cambriolage perpétré par un ami du capitaine, elle avait fini par dompter (du moins provisoirement) ses ennemis. Le court de tennis était terminé et le capitaine réclamait sa mutation. Il était temps de fomenter un projet extravagant digne du fameux Lawrence d'Arabie qu'elle vénérait (et qui avait quitté le Proche-Orient bien avant l'installation de la famille Andurain).

Or, la jeune femme était maintenant fraîchement divorcée de Pierre. La raison en était purement financière. Selon les dispositions du père Clérisse, le régime dotal lui avait permis de récupérer les fonds nécessaires pour acquérir l'hôtel Zénobie. Le couple n'avait pas modifié ses habitudes d'un iota, mais la « comta » était libre de se remarier.

Cette disposition légale venait à point pour mener à bien le voyage à La Mecque qu'elle avait décidé d'entreprendre. L'idée lui en avait été soufflée, bien malgré lui, par son cuisinier qui, en bon musulman, s'apprêtait à effectuer le pèlerinage dans la ville sainte, située à quatre-vingts kilomètres de Djeddah, en Arabie Saoudite.

Être la première femme occidentale à pénétrer dans la cité interdite aux non-musulmans où était né le prophète Mahomet ! Elle pouvait faire sienne la maxime de La Rochefoucauld : « Qui vit sans folie n'est pas si sage qu'il croit. » Le projet était un pari audacieux et dangereux à la hauteur de ses ambitions.

Ayant toujours entretenu de bonnes relations avec les Bédouins, Marga dénicha un chamelier du nom de Soleiman el Dekmari dont la famille vivait à Oneiza

(Unayzah), en Arabie Saoudite. Elle lui proposa de lui financer le voyage pour revoir sa tribu, avec un crochet par La Mecque. Il lui suffisait en échange de l'emmener. Avec un petit préalable pour Marga : devoir l'épouser et se convertir à l'islam. Mais Soleiman, un puceau trentenaire, jura de se conduire en frère pour sa nouvelle femme et de la ramener saine et sauve afin de toucher la récompense promise.

Personne ne parvint à faire renoncer Marga à cette aventure et sa disparition de Palmyre avec le chamelier ressembla fort à une fuite. À Haïfa, la « comta » se convertit et choisit tout naturellement pour nom arabe Zeïnab, une des femmes préférées du prophète, mais aussi celui de l'ancienne reine Zénobie, avant d'épouser Soleiman. Toutefois, le « mari-passeport », ainsi qu'elle surnommera l'homme qui était son sauf-conduit pour parvenir à La Mecque, se révéla vite paresseux, fat et dépensier. L'arabe exécrable de Marga n'arrangeait pas leur communication. Lorsque finalement le couple fut en vue du port de Djeddah, où le croyant se soumettait aux premières obligations religieuses, prélude à sa destination finale, Marga respira. Elle n'était plus qu'à une centaine de kilomètres de son but.

En fait, elle ne franchira jamais les frontières de la ville côtière. Les autorités lui interdirent formellement de se rendre à La Mecque, exigeant de tout nouveau converti la pratique de l'islam pendant au moins deux ans avant d'autoriser l'accès à la ville sainte.

Soleiman continua sa route avec les pèlerins, tandis que Zeïnab-la comta protestait en vain contre cette décision. On lui refusa l'accès au consulat de France. Après tout, elle était devenue Nedjienne par son mariage. Quant à l'hôtel, il était hors de question d'y envoyer une femme musulmane seule. Sous bonne escorte, Marga fut enfermée dans le harem du sous-gouverneur de la ville dans l'attente du retour de son mari-passeport.

Comme au temps de Roxelane[1], mais sans le faste ni l'importance en nombre de femmes du sérail impérial, Marga d'Andurain se retrouva plongée dans la hiérarchie stricte du harem, soumis à l'autorité de la Grande Maîtresse… et à la curiosité des esclaves et des concubines. Elles voulaient à tout prix vérifier que Marga avait le corps aussi musulman que le cœur. Déshabillée, manipulée, épilée de force, la comta se débattra suffisamment pour casser le poignet d'une indiscrète qui fouillait son intimité. Elle y gagnera une amie qui la protégera la nuit en dormant à ses côtés sur le mince tapis qui lui servait de lit. Séquestrée en attendant le retour hypothétique de Soleiman, sa vie prenait un aspect « sans grâce et amollissant » pour lequel elle n'avait aucune vocation. Derrière les moucharabiehs, elle voyait flotter au loin le drapeau tricolore planté sur le bâtiment du consulat. Bravant l'interdiction qui lui était faite, elle se faufila dans le patio, à l'heure de la sieste où tout le harem s'immobilise, pour utiliser le téléphone.

– Venez à mon secours ! Je suis prisonnière !

L'homme qui avait décroché était le propre fils du consul de France. Marga se crut sauvée mais le consul,

1. Voir p. 27, « L'esclave de la Sublime Porte ».

quant à lui, renâclait. Pas d'histoire ! La femme était musulmane, épouse d'un Saoudien. Le fils du consul se sentait en revanche une âme chevaleresque. Entre son obstination à faire fléchir son père, la ténacité de Marga et la crainte qu'inspiraient tout de même au sous-gouverneur ses relations avec la France, la brèche lentement s'élargissait et la prisonnière du harem put bénéficier de sorties. Entre ces bouffées d'air frais, elle apprenait le charleston et les jeux de colin-maillard aux concubines.

Soleiman rentra enfin de son pèlerinage. Son arrogance et sa familiarité le rendaient encore plus déplaisant aux yeux de la comta qui refusa de cohabiter avec lui, demeurant au harem, le houspillant sans cesse afin qu'il obtienne la permission de la conduire à Oneiza, puis sur le golfe Persique. Un jour, Soleiman vint l'avertir que la fameuse autorisation royale lui avait été accordée et qu'elle pouvait quitter le harem. Pourtant, au lieu de se rendre au domicile de son époux, elle prit une chambre dans un hôtel où le galant fils du consul lui tint compagnie afin d'apaiser ses craintes de rester seule à attendre son mari...

Au matin, le 21 avril 1933, la police frappa à sa porte. Celle-ci s'étonna de découvrir dans la chambre, sous le lit, le fils du consul de France en Arabie Saoudite... Elle venait arrêter Zeïnab, la femme que Soleiman accusait la veille, pendant l'agonie précédant sa mort, de l'avoir empoisonné. Une heure plus tard, Zeïnab-Marga était jetée au fond d'un cachot où elle resta soixante-trois jours.

Les conditions de détention étaient difficiles. Le consulat adoucissait les privations et l'inconfort en lui faisant porter de l'eau minérale puis des repas. Même dans l'adversité, Marga, séductrice qui aimait les hommes, remarquait la beauté du serviteur noir qui les lui apportait… Néanmoins, le plus terrible n'était pas de partager sa geôle avec des légions de punaises, mais la sentence qui l'attendait. Saoudienne de passeport et musulmane de religion, elle risquait une condamnation à mort par lapidation pour l'assassinat de son époux et l'adultère, la présence d'un homme sous son lit à l'hôtel n'étant pas passée inaperçue.

Pendant que les journaux au Liban titraient que la vicomtesse avait été pendue en Arabie Saoudite, mettant sa famille en émoi, Marga se battait pour sa défense. Oui, elle avait souvent administré des cachets de Kalmine à Soleiman, car elle en consommait elle-même en grande quantité pour atténuer ses migraines. Le produit, ainsi qu'il était inscrit sur la boîte était « tellement inoffensif qu'il n'y avait pas de crainte d'abus[1] ». Non, elle ne l'avait pas empoisonné. Comment aurait-elle pu, enfermée dans un harem ? Exceptionnellement, le tribunal mit en balance les témoignages des personnes auprès de Soleiman à l'heure de son agonie avec le verdict des apothicaires qui avaient examiné les cachets restant en sa possession. Marga fut acquittée et expulsée en France en tant qu'apatride, au mois de juillet 1933. Une fois sur le territoire français, elle batailla de nouveau ferme pour rentrer à Palmyre rejoindre sa famille. Avant que

1. La fabrication a cessé car les cachets contenaient un toxique rénal dangereux en cas de surdosage.

Beyrouth ne lui accordât son passeport français, elle se défendit comme un beau diable par journaux interposés. Elle publia dans le *Courrier de Bayonne* le récit de ses aventures qui la dédouanait du meurtre, faisant d'elle une vedette.

Pourtant, quelques années plus tard, son fils Jacques mettra en doute son innocence, en affirmant que pour sa mère, Soleiman était devenu dangereux. Il risquait de la séquestrer dans sa tribu pour demander une rançon ou pire, la tuer, fatigué d'être humilié par une épouse qui se refusait à lui. Jacques était persuadé qu'elle avait volontairement administré un cachet modifié à son mari. Et pour cause : il aurait lui-même acheté le poison, à la demande de sa mère, peu de temps avant le voyage, soi-disant pour tuer leur chien, décédé déjà depuis plusieurs jours. Marga, prudente, se prévoyait une porte de sortie en cas de pépin…

Mme la vicomtesse, de retour à Palmyre, auréolée de la gloire des aventurières, retrouva son amant, son mari (qu'elle épousera à nouveau en novembre 1936), sa vie mondaine, et malheureusement, très rapidement, de nouveaux drames qui affectèrent son existence.

Le capitaine Gherardi était au Liban. Bien qu'il ne fût pas affecté à Palmyre, il semblait avoir réveillé les animosités contre Marga. Lorsqu'un jeune homme du village, factotum des Andurain, fut assassiné, peut-être par un ancien homme de main du capitaine désireux de lui prouver sa fidélité, la « comta » fut accusée du meurtre par les militaires. La situation était d'autant plus absurde qu'elle avait pour alibi un dîner chez le haut-commissaire.

Elle fut disculpée, mais les tensions sous-jacentes grandissaient. Le 28 décembre 1936, Pierre d'Andurain fut assassiné sans mobile apparent, de dix-sept coups de couteaux, alors qu'il était sorti vérifier l'éolienne installée sur la propriété. S'il était prévu que Marga subisse le même sort, une visite providentielle de touristes l'empêcha d'être seule dans l'hôtel ce soir-là. Le meurtrier ne fut jamais formellement identifié. Elle sombra dans le désespoir, profondément atteinte par la mort de Pierre. Son « ami le plus sûr et le plus dévoué » disparaissait... et avec lui, l'envie de rester à Palmyre.

Daniel l'accompagna pour un dernier adieu à l'embarcadère du bateau qui la ramena en France. Elle s'installa avenue Raymond-Poincaré, à Paris, où son fils Jacques vint la rejoindre. Veuve, à quarante-quatre ans, à la veille de la Seconde Guerre mondiale, elle devait subvenir à ses besoins. Elle créa une fabrique de sacs à main. Et puisque, indubitablement, elle avait la bosse du commerce, dès que les Allemands occupèrent Paris, elle se lança dans le marché noir. Son fils, serviable, l'aidait dans son trafic le jour et militait ardemment le soir pour le parti communiste dont il partageait les théories depuis plusieurs années. En juillet 1941, il fit évader, avec ses compagnons, vingt et un jeunes communistes détenus au Palais de Justice. Cette action lui valut d'entrer en contact avec Frédo, *alias* Pierre Georges, plus connu aujourd'hui sous le nom du colonel Fabien. Ce dernier lui emprunta le 6,35 mm de sa mère pour commettre l'attentat du métro Barbès le 21 août 1941, marquant le passage à la résistance armée contre les Allemands. Marga reçut d'ailleurs aimablement

Fabien et Charles Tillon à Neuilly où elle résidait à présent, leur servant du whisky provenant du marché noir, tandis que les deux résistants annonçaient discrètement à Jacques qu'il devait fuir pour éviter une arrestation. Il se réfugia à Saint-Jean-Cap-Ferrat, chez une amie américaine de sa mère, Grâce d'Astier de la Vigie, qui le mit immédiatement en contact avec son mari, Emmanuel, fondateur du mouvement de résistance Libération-Sud.

Marga continuait ses affaires, mais frayer avec les acheteurs de la Gestapo, intermédiaires pour des clients nazis (dont Hitler et Goëring, affirmait Marga) comportait des risques. Fin 1943, elle utilisera à son tour les bons offices de Grâce pour mettre la Méditerranée entre elle et les dangereux truands qui tiraient les ficelles du marché noir.

À la fin de la guerre, il ne lui restait que trois années à vivre. Elles seront explosives, à l'image de toute son existence.

Le 24 décembre 1945, la brigade de Nice où elle résidait l'arrêta, avec son fils. Le lendemain, Jacques, après un interrogatoire, fut relâché tandis que Marga était inculpée pour avoir empoisonné son neveu, Raymond Clérisse. La seule preuve tenait sur un ticket de métro où la victime avait griffonné que sa tante lui avait fait avaler une truffe avec un drôle de goût. La rumeur prétendait, sans preuve, que Marga aurait tenté de convaincre son neveu de la venger de Madeleine, sa belle-fille détestée, épouse de Pio avec lequel elle était brouillée[1]. Le refus de

1. L'aîné, qui avait choisi le camp de l'extrême-droite pendant la guerre, s'était suicidé en février 1945.

Raymond de coopérer l'aurait conduite à l'assassiner. Son incarcération réveilla les passions qu'elle avait autrefois suscitées dans les comptes-rendus des journaux français et étrangers.

« Amazone des sables, la vicomtesse d'Andurain éclipse la Brinvilliers et Mata Hari », titrait la presse en rapportant son arrestation. On la prétendait ancienne maîtresse de Lawrence d'Arabie, espionne anglaise, héroïne (à tort, le livre datant de 1924) du roman de Pierre Benoit *La Châtelaine du Liban*. Écrouée à Paris, à la prison pour femmes de la Petite Roquette, elle fut remise en liberté provisoire une quinzaine de jours plus tard, fin janvier 1947, sans plus être inquiétée.

Marga s'exila à Tanger où, à bord d'un yacht, elle s'apprêtait à mettre les voiles vers le Congo pour organiser un trafic d'or, lorsqu'elle disparut le 5 novembre 1948.

L'Allemand Hans Abel, employé par Marga, et sa comparse Hélène Kunz, après des aveux embrouillés, furent jugés coupables d'un meurtre dont le corps, immergé dans la baie de Tanger, ne fut jamais retrouvé.

Marga était suspectée depuis longtemps d'espionnage. Agent double et même triple, transmettant ses informations aux Français, aux Britanniques et aux Allemands ! Pour son fils, Marga était avant tout fidèle à elle-même, monnayant ses renseignements afin de garantir son indépendance sans arrière-pensées idéologiques. Mais sa proximité avec les services secrets avait-elle un lien avec son assassinat ?

Quoi qu'il en soit, ainsi qu'en conclut sa petite-fille qui lui consacra un travail universitaire, « la vie de Marga d'Andurain conservera certainement toujours une part de mystère. Quiconque tentera d'écrire sa vie fera l'expérience de la difficulté à prétendre à l'objectivité quand toute cette vie n'est que passion[1]. »

1. Julie d'Andurain, *Marga d'Andurain (1893-1948), une Occidentale d'avant-garde en Orient*, mémoire de maîtrise Paris I sous la direction du prof. Daniel Rivet, 1996, p. 108.

La plus belle femme du monde

Hedy Lamarr

La prochaine fois que vous exécuterez le geste, banal de nos jours, de saisir votre téléphone portable pour passer un appel ou de vous connecter à une borne Wi-Fi, ayez une pensée pour une ancienne gloire d'Hollywood des années 1940, une pionnière à l'origine d'une technologie utilisée dans les réseaux sans fil. L'actrice Hedy Lamarr ne fut pas seulement la plus belle femme du monde, ainsi que la désigna le producteur de cinéma Louis B. Mayer qui la lança aux États-Unis, mais se révéla également une femme intelligente, douée d'un réel esprit inventif.

Sa contribution, avec le pianiste George Antheil, au système FH-CDMA (Frequency Hopping-Code Division Multiple Access) date de la Seconde Guerre mondiale. Hedy, désireuse de soutenir l'effort de guerre, cherchait un moyen sûr de radioguider les torpilles destinées à détruire les sous-marins allemands. Mais le brevet de leur système de communication secrète (Secret Communication System) ne rencontra pas l'adhésion souhaitée auprès des militaires américains. Il faudra attendre la toute fin des années 1990, peu de temps avant sa mort survenue en janvier 2000, pour que soit reconnu l'apport original des inventeurs dans une technologie appliquée à présent dans le monde entier. Depuis 2005, l'Autriche, son pays natal, ainsi que les pays frontaliers, la Suisse et l'Allemagne, dédient aux inventeurs la journée du 9 novembre, date anniversaire de la naissance de la star[1].

La reconnaissance posthume de l'intelligence créative d'Hedy Lamarr est bien éloignée de ce qui la rendit célèbre de son vivant : sa beauté, ses frasques sentimentales et l'incroyable parfum de scandale qui entoura sa carrière.

L'actrice se définissait elle-même comme peu soucieuse des conventions et de tempérament impatient. Une combinaison explosive qui la décida très jeune à abandonner le chemin classique et l'espoir d'un riche mariage auxquels son milieu la prédestinait pour se lancer dans le théâtre.

Hedy Lamarr était née Hedwig Eva Maria Kiesler dans une famille juive aisée de Vienne. Trois mois auparavant, en août 1914, l'Autriche-Hongrie et l'Allemagne étaient entrées en guerre contre la France et ses alliés. La situation ne semble pas avoir affecté les ressources des Kiesler. Le père, Emil, directeur d'une banque, assurait une vie confortable à sa femme Gertrude, ancienne pianiste

1. *Tag der Erfinder.*

concertiste, et à sa fille unique, la ravissante Hedwig. Malgré de bonnes notes à l'école, la beauté de la petite et sa frivolité renforcèrent une certaine sévérité chez Mme Kiesler. Hedy s'en plaignit amèrement plus tard. Pourtant, ce fut sa mère qui lui fit découvrir le théâtre et le cinéma. À treize ans, elle sortit totalement bouleversée de la projection du film *Metropolis* de Fritz Lang, fermement décidée à se lancer dans une carrière artistique.

Vienne était une ville idéale pour une actrice débutante. Le recensement de 1910 comptabilisait deux millions d'habitants, soit l'équivalent du Paris d'aujourd'hui. Aux terrasses des cafés, véritables institutions autrichiennes, on entendait parler l'allemand et le hongrois, mais aussi toutes les langues minoritaires, tchèque, slovaque, roumain, polonais ou serbe. Au numéro 19 de la Berggasse, le docteur Sigmund Freud établissait les bases de la psycho-analyse. Les peintres Gustav Klimt, Egon Schiele, Koloman Moser et Oskar Kokoschka menaient le mouvement « Sécession », renouvelant la création artistique. Gustav Mahler, célèbre chef d'orchestre à la tête de l'opéra de Vienne, surprenait ses auditeurs par le modernisme de ses compositions.

C'est dans ce contexte de bouillonnement artistique et intellectuel que l'impétueuse Hedy, âgée d'à peine quinze ans, imita la signature de sa mère en 1929 pour s'octroyer des permissions de sortie que Mme Kiesler n'aurait pas autorisées. Elle profitait de son école buissonnière pour obtenir de petits rôles dans des productions théâtrales. Ces figurations régulières et surtout sa rencontre avec le brillant metteur en scène Max Reinhardt, co-fondateur du festival de Salzburg, la poussèrent à déclarer à ses parents, dès 1930, sa volonté d'abandonner ses études pour devenir actrice professionnelle.

Parallèlement à sa vocation artistique, Hedy s'était découvert une autre passion tout aussi tenace : les hommes. Ses premiers émois d'adolescente pré-pubère se muèrent en affaires plus sérieuses et elle se fiança rapidement à Franz von Hochstetten. Néanmoins, épouser le jeune homme contrariait ses ambitions de starlette et elle repoussa sa demande. Ainsi le résuma-t-elle plus tard dans sa biographie, publiée en 1966 : « Peut-être mon problème avec le mariage – et c'est le problème de nombreuses femmes – était de désirer à la fois l'intimité et l'indépendance. C'est une position difficile à maintenir, mais les deux besoins sont importants pour un mariage. » Ce schéma la poursuivra tout au long de sa carrière sentimentale avec, cependant, des conséquences moins dramatiques que celles advenues après la rupture des fiançailles. Le jeune homme éconduit se suicida. Hedy se consola dans les bras d'un autre qu'elle abandonna tout aussitôt. Car sa carrière venait de prendre un nouveau tournant qu'elle n'aurait voulu manquer pour rien au monde. Un réalisateur tchèque du nom de Gustav Machaty venait de lui proposer le rôle principal de son prochain film.

Hedy se trouvait alors à Berlin où elle travaillait depuis 1931. Avoir été une des comédiennes favorites de Max Reinhardt lui avait ouvert les portes de la capitale allemande, cœur de l'industrie cinématographique. C'est ainsi qu'elle fut remarquée par Gustav Machaty qui lui offrait de tenir le rôle d'Eva dans une production destinée à défrayer la chronique. *Extase* sortit sur les écrans en février 1933 et racontait l'histoire d'une très jeune femme (Hedy avait dix-huit ans lors du tournage), mal mariée à Emil, un homme mûr et impotent. Lassée de cette vie, Eva se réfugie chez son père, à la campagne. Lors d'une scène devenue célèbre où elle se baigne nue dans un lac avant de courir à la poursuite de son cheval, galopant dans la prairie avec son vêtement coincé sous la selle, elle rencontre Adam, un bel ingénieur. Ils deviennent amants. Emil se suicide tandis qu'Eva, initiée aux plaisirs de la chair, quitte Adam.

Le film, quasiment muet, ne manque pas d'un certain charme, hérité de l'expressionnisme allemand. Mais au moment de sa sortie, il avait largement de quoi causer un énorme scandale. Non seulement la jeune Hedy s'y montrait en tenue d'Ève et simulait un orgasme face à la caméra, mais l'histoire baignait dans l'immoralité puisque Eva bafouait les liens du mariage et se débarrassait de son amant, une fois ses sens satisfaits. Quant à la publicité promotionnelle autour du film, elle promettait carrément le « jeu érotique des pulsions naturelles dénuées d'inhibition ». Tout un programme qui entraîna d'ailleurs en Europe un esclandre dans les cinémas : alléchés par une telle publicité, certains spectateurs, frustrés par les scènes passionnelles, trop champêtres à leur goût et moins érotiques que prévues, exigeaient le remboursement des places ! Néanmoins, le film fut rapidement censuré et modifié pour répondre à des critères moraux. Quelques scènes furent ajoutées afin de divorcer Eva de son vieux mari avant qu'elle ne tombe dans les bras d'Adam, et le film hâtivement rebaptisé *Symphonie d'amour*. La nudité, associée à une vie saine et sportive en Allemagne, était cependant mieux tolérée qu'outre-Atlantique. Lorsque les producteurs tentèrent de le distribuer aux États-Unis, ils encoururent les foudres de la commission de censure. Accusé de promouvoir l'adultère et des comportements bestiaux, le film, jugé « obscène, immoral, indécent et susceptible de corrompre la jeunesse », fut interdit jusqu'en 1940. Des versions modifiées firent régulièrement leurs apparitions sur les écrans américains, sans pour autant apaiser les ligues puritaines du pays qui, jusque dans les années 1950, se manifestèrent pour obliger les cinémas à le retirer de l'affiche.

La jeune Eva d'*Extase* fut bien le rôle de la vie d'Hedy Lamarr (et incidemment la première scène de nu intégral au cinéma dans un film non pornographique), à la fois formidable tremplin qui la fit connaître dans le monde entier et malédiction qui la poursuivra tout au long de sa carrière.

Les parents d'Hedy qui avaient accepté que leur fille se rendît à Prague pour le tournage, sans être chaperonnée par Mme Kiesler, furent horrifiés lors de la projection à laquelle ils assistèrent. La jeune fille recroquevillée sur son siège balbutiait qu'il s'agissait d'art. M. Kiesler ordonna à sa famille de se lever immédiatement et de rentrer à la maison. Hedy Lamarr rapporta dans son autobiographie qu'elle resta cloîtrée chez elle une bonne semaine, honteuse à l'idée d'affronter le regard de ses compatriotes. Mais cet état fut de courte durée. Un mois plus tard, fin mars 1933, la jeune actrice foulait les planches d'un théâtre viennois, interprétant le rôle-titre très convoité de l'impératrice Élisabeth d'Autriche dans *Sissi*.

Le succès de la pièce lui attira nombre d'admirateurs. Hedy était déjà renommée pour sa beauté. On prétend même d'ailleurs que la phrase la définissant comme la plus belle femme du monde avait été initialement formulée par Max Reinhardt, véhiculée par les journalistes avant que Louis B. Mayer ne l'utilise pour sa nouvelle recrue, une fois établie aux États-Unis.

Le puissant Friedrich Mandl, conquis, assistait aux représentations et noyait la loge de la jeune actrice sous les bouquets de fleurs. De quatorze ans son aîné, plutôt corpulent et de taille moyenne mais toujours impeccablement élégant, Fritz, ainsi qu'il était surnommé, n'avait pas pour habitude qu'on lui résiste. Jeune directeur de la Hirtenberger Patronenfabrik, une usine d'armement fondé par son père, le « marchand de mort autrichien » pouvait se vanter d'être à trente-deux ans le troisième homme le plus riche de son pays. Divorcé une première fois d'une artiste, il semble que Fritz Mandl ait réussi à gagner le cœur de la jeune actrice en lui prouvant qu'il n'était pas un simple fils à papa, qu'il avait lui-même reconstruit la fortune familiale malmenée dans les années 1920. Subjuguée par la force et la virilité du magnat de l'armement – des qualités irrésistibles à ses yeux chez un homme, ainsi qu'elle le confessa dans son autobiographie – la jeune beauté viennoise accepta d'épouser Fritz. Avant de s'unir le 10 août 1933 dans une jolie église baroque de la capitale autrichienne, le couple se convertit à la religion chrétienne, catholicisme pour Hedy et protestantisme pour son mari. Hedy, rappelons-le, était de confession juive, mais Fritz avait une histoire plus tourmentée. Son père, juif, avait épousé une femme de chambre catholique dont il avait finalement adopté la confession. Fritz avait donc une double revanche à prendre sur la bonne société viennoise qui le considérait comme un parvenu dissimulant des origines sémites. La belle Hedy n'était guère plus qu'un trophée supplémentaire destiné à conforter son ascension sociale ainsi qu'elle le réalisa rapidement : « Presque immédiatement, je m'aperçus que je n'étais plus Hedy Kiesler, un individu. Je n'étais plus que la femme de Fritz Mandl. » Dans sa prison dorée où il n'était plus question pour elle de poursuivre une carrière de comédienne, elle recevait les relations professionnelles de son mari, entre autres... le comte Ernst Rüdiger von Starhemberg, fasciste autrichien intime d'Hitler et de Benito Mussolini. Le Führer lui-même, selon les allégations d'Hedy dans ses mémoires, aurait dîné dans la salle à manger ornée de tapisseries des Gobelins, autour de la longue table prévue pour une vingtaine de convives, dans une vaisselle dorée. Il est probable néanmoins que ce souvenir soit inventé, les origines juives du couple ne pouvant que dissuader Adolf Hitler de se rendre dans l'une de leurs luxueuses propriétés.

Confiner son épouse dans un rôle d'hôtesse ne suffisait pas à Fritz dont la jalousie maladive l'entraînait à espionner tous ses faits et gestes. La rumeur prétend qu'il aurait tenté de racheter, afin de les brûler, toutes les copies d'*Extase* – film favori, selon l'historien du film Uli Jung, des nazis Goebbels et Göring qui en conservaient un exemplaire dans leur coffre personnel. Hedy, terriblement lassée de n'être qu'un bel objet dans le paysage de Mandl, tenta plusieurs fois d'échapper à l'emprise de son mari, mais sans succès. Finalement, suivant le scénario rocambolesque décrit dans son autobiographie, elle drogua une de ses domestiques dont l'allure ressemblait à la sienne, afin d'emprunter ses vêtements et de se faire passer pour elle. Fuyant par la porte de service, avec pour seul bagage un petit sac rempli de bijoux, elle embarqua en 1937 par le premier train venu en direction de Paris.

Mandl, probablement fou furieux de la désertion de son épouse, ne s'opposa pas pour autant à la demande de divorce qu'Hedy déposa auprès des tribunaux français. À la veille de l'Anschluss, l'annexion de l'Autriche par l'Allemagne, se profilait l'application stricte des lois raciales de Nuremberg qui excluaient les juifs des postes de commandement. Fritz dont la mère était catholique pouvait éviter d'être évincé de sa position de directeur de la Hirtenberger Patronenfabrik. Mais Hedy était juive à part entière. Divorcer d'une femme dont l'ascendance sémite la plaçait au plus bas de la hiérarchie raciale était bon pour les affaires.

Hedy, libérée des liens du mariage, vogua vers Londres, décidée à renouer avec sa carrière artistique. Son anglais, approximatif, était teinté d'un fort accent autrichien, son compte en banque réduit à sa simple expression, et l'expérience venait de lui apprendre à taire ses origines juives. Mais l'exilée de fraîche date avait pour elle une forte détermination et une beauté à couper le souffle. La brune aux yeux verts connaissait son pouvoir sur la gente masculine. Ainsi, lors d'un séjour en Suisse, après s'être échappée de la cage dorée dans laquelle l'enfermait Mandl, elle avait séduit le romancier allemand Erich Maria Remarque, lui-même en exil forcé. Cependant, la jeune Autrichienne poursuivit sa route, tandis que l'auteur de *À l'ouest, rien de nouveau* tombait éperdument amoureux d'une autre actrice, Marlene Dietrich.

Une fois en Angleterre, Hedy, forte tête, rejeta la première proposition de Louis B. Mayer qui y séjournait à la recherche de nouveaux acteurs, la jugeant indigne d'elle. Le vice-président de la prestigieuse firme Metro-Goldwyn-Mayer (MGM) qui comptait dans son écurie cinématographique « plus d'étoiles que dans le ciel » s'étrangla probablement devant l'impudence d'une jeune actrice désargentée, émigrée d'un pays annexé par l'Allemagne nazie et dont le seul titre de gloire avait été d'être l'actrice d'un film interdit aux États-Unis ! Mais Hedy ne s'avouait pas vaincue pour autant. Elle embarqua sur le même paquebot qui ramenait le producteur à New York et accosta en septembre 1937 sur les côtes américaines, nantie d'un contrat bien plus avantageux que le premier proposé et d'un nouveau nom de scène. Hedwig Kiesler devenait Hedy Lamarr.

Louis B. Mayer s'inspira du pseudonyme d'une autre actrice pour la rebaptiser. En effet, le « créateur » de Greta Garbo avait engagé en 1920, pour l'un de ses films, une superbe brune dont la réputation sulfureuse n'était plus à faire. Barbara La Marr débuta dans le giron de la MGM une carrière aussi brève que phénoménale, puisque l'abus d'alcool et de drogue eut raison de sa santé et qu'elle décéda à peine neuf ans plus tard. Sans le savoir, le producteur hollywoodien donna à Hedy le nom d'une femme dont la vie ressembla étrangement à la sienne. Morte en 1929, l'année où Hedy débuta sa carrière, Barbara La Marr cumula les maris, les conquêtes, adopta un fils qui était certainement le sien et, à l'instar d'Hedy, fut surnommée « la plus belle femme du monde ».

Mais la vie sous la coupe réglée de la MGM ne se révéla pas aussi rose que prévu. Aucun rôle ne fut proposé à Hedy. À la place, elle suivit des cours d'anglais et un régime strict pour obtenir la silhouette parfaite que réclamait la production hollywoodienne. Désœuvrée et esseulée, elle s'enticha de Reginald Gardiner, un acteur britannique réputé pour la moustache très fine qui ornait sa lèvre supérieure et la qualité de ses imitations de bruits de trains. En l'accompagnant à une soirée, elle y rencontra le producteur Walter Wanger et l'acteur français Charles Boyer. Ces derniers conclurent immédiatement qu'elle était la *Gaby* de leur prochain film, une version américaine de *Pépé Le Moko* qui avait connu un beau succès en France (avec Jean Gabin et Mireille Balin). Le film, sorti en 1938 sous le titre *Algiers*, remporta l'adhésion du public et des critiques, lançant la carrière américaine d'Hedy. L'actrice méritait pleinement selon les spectateurs d'être désignée comme la plus belle femme du monde. Admirée pour sa plastique, ignorée pour son intelligence, dénigrée pour un jeu d'actrice médiocre et statique, son extraordinaire beauté se révélera un fardeau, écrira-t-elle, en attirant à elle six maris mal choisis et un entourage néfaste, ne lui causant que tragédies et chagrins. Une situation parfaitement résumée par l'acteur George Sanders dans ses mémoires[1] : « Lorsque j'ai fait la connaissance d'Hedy Lamarr [...], elle était si époustouflante que toutes les conversations s'interrompaient dès qu'elle entrait dans une pièce. Où qu'elle allât, elle devenait le point de mire de tous les regards. Je doute qu'il y ait eu un seul individu pour s'inquiéter s'il y avait quelque chose derrière cette beauté. Tout le monde était trop occupé à la fixer bouche bée. Je n'ai aucun souvenir de sa conversation, personne ne l'écoutait. »

Une beauté qui lui aliénait d'emblée la sympathie de ses collègues féminines de la MGM, car, ironisait Claudette Colbert, sa partenaire dans *Boom Town* en 1940, travailler dans un film à ses côtés vous poussait tout simplement au suicide !

Pourtant, Hedy Lamarr avait la tête aussi bien faite que le reste.

Elle utilisait son temps libre à jouer au piano, aux échecs avec le chef de fil du mouvement dadaïste, le peintre et photographe Man Ray, et surtout inventer.

Ses inventions, tout au long de sa vie, allèrent du bouillon cube dont la dissolution dans de l'eau produisait un soda, à un collier fluorescent pour chien, en passant par un appareil conçu pour aider les personnes handicapées à sortir du bain !

Son autre passe-temps favori consistait à ajouter des conquêtes à son tableau de chasse. Les prétendants ne

1. George Sanders, *Memoirs of a Professional Cad,* New York : G.P. Putnam's Sons, 1960.

lui firent jamais défaut et la belle était loin d'être sage. Ayant rompu avec Reginald Gardiner, elle était libre pour s'amuser de la cour express que le scénariste Gene Markey lui fit avec brio, l'emmenant d'autorité à Mexico pour lui proposer le mariage. Drôle et intellectuellement brillant, il possédait les caractéristiques qui séduisaient Hedy chez un homme : une haute stature, un âge plus avancé que le sien et des manières distinguées. L'actrice lui accorda sa main. La cérémonie prit six minutes et les sentiments qui unissaient le couple se prolongèrent à peine plus longtemps. Pourquoi, se lamentera Hedy, après ses six divorces, un homme qui vous courtise de façon si délicieuse devient-il affreusement rasoir une fois la bague au doigt ? Le couple fut officiellement séparé une année plus tard, non sans avoir auparavant adopté un petit James.

L'histoire de cet enfant, qui fut accueilli par le couple en octobre 1939 et légalement adopté en 1941 par Hedy Lamarr, comporte des mystères à ce jour non élucidés, en relation avec le deuxième mariage de la star.

En 1943, Hedy épousa un acteur d'origine britannique qui était son type d'homme, John Loder[1], grand, de seize ans son aîné et parfaitement policé. Mais la notoriété de la star déséquilibra le devenir professionnel de son mari

1. Il est resté plus particulièrement dans les mémoires françaises pour avoir tourné, en 1946, sous la direction de Maurice Tourneur, la première version adaptée du livre de la princesse Bibesco, *Katia,* avec Danielle Darrieux, romançant les amours de Catherine Dolgorouki et du tsar Alexandre II et racontées dans un chapitre, p. 125 et suivantes.

en le reléguant immédiatement au second plan. Son vieil ami Errol Flynn l'avait averti qu'au lendemain de son mariage, il ne serait plus que « M. Lamarr ». Durant les quatre années de leur vie conjugale, Hedy mettra au monde Denise (1945) et Anthony (1947), tandis que John adoptait James, lui donnant son nom de famille. Le garçon, d'un tempérament anxieux, cumulait les bêtises. En 1952, les trois enfants furent envoyés dans un nouveau pensionnat. James en aurait été renvoyé et hébergé dans la famille d'un de ses professeurs, provoquant la colère de sa mère. Elle aurait ainsi refusé à continuer à le voir et à prendre en charge son éducation. Ni les mémoires de l'actrice, ni les déclarations de James n'offrent d'éclairage précis et réaliste justifiant le traitement invraisemblable et cruel infligé à un enfant de treize ans. Néanmoins, il est certain que Hedy rejeta définitivement James Lamarr Loder à partir de cette date, et ne le mentionna pas dans son testament.

Pourtant, au décès de sa mère adoptive, il contesta les dernières dispositions de l'actrice, arguant qu'elle n'avait plus toute sa tête. Il révéla de surcroît, au cours du procès, qu'il était l'enfant biologique d'Hedy Lamarr et de John Loder. Il aurait découvert sa véritable filiation en réclamant un certificat de naissance afin d'entrer dans l'Air Force. James Lamarr Loder ayant toujours refusé de se soumettre à un test ADN, son affirmation ne peut être corroborée scientifiquement.

Toutefois, ainsi qu'Hedy le soulignait dans son autobiographie : « En ce temps-là, vous ne pouviez vivre avec une personne sans être mariée. » Il n'est donc pas impossible qu'Hedy se soit jetée au cou de Gene Markey afin de pouvoir récupérer un bébé né hors mariage, et que James soit le fils adultérin de John Loder (époux d'une autre femme à l'époque) ou d'un autre homme.

Hedy ne fut jamais une mère très dévouée ni proche de ses enfants. Denise et Anthony, malgré leur affection pour elle, ont souvent avoué que l'éloignement toujours maintenu en les expédiant en pensionnat leur avait pesé.

Mais en 1940, lorsque la star serrait tendrement le petit James dans ses bras, son cœur compatissait au sort tragique de tous les enfants touchés par la guerre et, plus particulièrement, envers les gosses que le gouvernement britannique expédiait par bateau vers le Canada pour fuir le bombardement de Londres par les Allemands.

Les nouvelles annonçant le naufrage des paquebots chargés de réfugiés, envoyés par le fond par les torpilles des sous-marins nazis la scandalisaient. Elle commença à réfléchir à un moyen de riposter à ces attaques, inspirée par les conversations sur l'armement entendues lors des dîners organisés par son premier mari, « le marchand de la mort » Fritz Mandl. C'est à cette époque qu'elle fit la connaissance de George Antheil.

Le pianiste concertiste américain, émule de Stravinsky, avait longuement vécu en Europe où il avait composé, entre 1923 et 1925, lors de son séjour parisien, *Ballet mécanique*, une œuvre destinée à être la bande-son d'un film de Fernand Léger, représentatif du courant surréaliste. Écrite pour un ensemble de seize pianos, xylophones et percussions, elle fut chaudement acclamée à Paris en 1926, mais lorsque George Antheil rentra aux États-Unis, le modernisme de l'œuvre déplut à ses compatriotes et la carrière du compositeur périclita. Pour subvenir aux besoins de sa famille, le pianiste quitta New York pour Hollywood où il gagnait sa vie en composant des musiques de film. Il écrivait également dans des magazines sur un sujet très éloigné de la musique : l'endocrinologie ! Il se considérait comme expert pour déterminer les dispositions et l'intensité de la vie sexuelle d'une femme selon son type hormonal…

L'endocrinologie intéressait Hedy au plus haut point, car, malgré son physique de rêve, la MGM lui reprochait un décolleté trop plat. Les fortes poitrines étaient un gage de séduction selon les producteurs, et elle n'était pas sans oublier la réflexion de Charles Boyer et Walter Wanger, qui avaient pourtant contribué de faire d'elle une star, louant la beauté de son visage et les formes de ses fesses, mais déplorant la petitesse de ses seins. Or, George Antheil affirmait connaître, grâce à sa méthode, des secrets pour augmenter la taille de la poitrine. Par l'intermédiaire de son couturier et ami Adrian, elle vint dîner chez les Antheil. George, totalement subjugué par sa beauté, ne vit aucun défaut à ses glandes mammaires… L'étude hormonale qu'il offrit à Hedy était qu'elle aimait le sexe avec une légère tendance à la nymphomanie. L'analyse plut à l'actrice qui se déclara toute sa vie « très portée sur la chose ». George Antheil promit de lui concocter une crème magique pour doubler le volume de ses seins.

Cela posé, la conversation prit une tournure plus dramatique en évoquant la guerre qui faisait rage en Europe, et en parlant des qualités d'inventeur d'Hedy.

Le pianiste et l'actrice trouvèrent rapidement un terrain d'entente afin de travailler ensemble sur son projet de radioguider les torpilles. Il contribua au système pensé par Hedy, dénommé aujourd'hui FHSS[1], en réalisant que des changements rapides de fréquences radio pouvaient être coordonnés de la même façon qu'il avait réussi à coordonner les seize pianos et autres instruments de son *Ballet mécanique*.

Hedy, profondément antinazie, était née néanmoins dans le camp ennemi et, pour raisons professionnelles, la star avait besoin de faire oublier ses origines autrichiennes. Elle se dépensa sans compter pour l'effort de guerre, servant le café aux troupes dans la cantine d'Hollywood aux côtés de Marlène Dietrich, ou vendant des obligations pour lever des fonds. Mais contrairement à l'actrice allemande, naturalisée américaine dès 1937, Hedy ne s'y résoudra que bien plus tard, en 1953. « Mes racines sont en Europe et mon cœur est autrichien », disait-elle avec mélancolie. Elle adopta cependant très rapidement deux caractéristiques de la vie américaine : la consommation effrénée de glaces et une propension inimaginable à rester des heures durant au téléphone.

Tous les hommes qui ont approché Hedy Lamarr, de George Antheil, à John Loder, son deuxième mari rencontré pendant qu'elle faisait la vaisselle à la Cantine d'Hollywood tandis qu'il essuyait les assiettes, ont noté la complexité de sa personnalité. Elle devait concilier

1. *Frequency-Hopping Spread Spectrum* (étalement du spectre par évasion de fréquences).

son extraordinaire beauté, son désir de plaire en tant que femme, de réussir en tant qu'actrice avec un besoin vital de tranquillité domestique, quitte à remplacer la cuisinière au pied levé. Sans compter un besoin de satisfaire une inlassable curiosité intellectuelle que ne procuraient pas les soirées mondaines d'Hollywood. Hedy Lamarr tenta même par deux fois de mettre sa carrière entre parenthèses pour succomber aux délices de la vie conjugale. Mais le restaurateur basé à Acapulco Teddy Stauffer et le magnat du pétrole texan W. Howard Lee[1], respectivement « messieurs Lamarr » numéros 4 et 5, ne lui apportèrent pas la félicité rêvée et les mariages se soldèrent par des échecs.

Pressentant la fin de sa carrière dès les années 1950, Hedy Lamarr tenta d'y remédier en se lançant courageusement, dans la production, espérant réitérer ses plus grands succès obtenus avec les films *White Cargo* (1942) et *Samson et Delilah* (1949). Une initiative à l'époque aussi osée qu'originale pour une gloire d'Hollywood. Mais, ainsi qu'elle le regrettait elle-même, elle manquait de talent pour imaginer le film à partir d'un simple script. Pour cette raison, elle rejeta – à tort – un nombre substantiel de rôles au cours de sa vie d'actrice qui firent la célébrité d'une autre, tels *Laura* interprété par Gene Tierney et Ilsa dans *Casablanca* par Ingrid Bergman.

---

1. Le magnat du pétrole épousera en 1960 Gene Tierney. Le Texan avait pourtant rechigné à rencontrer l'inoubliable interprète de *Laura*, arguant qu'avec Hedy « il avait eu sa dose d'actrice de cinéma ».

Le sixième et dernier mari d'Hedy fut l'avocat qui la divorça du précédent. Son union avec Lewis J. Boies dura à peine deux ans et en 1965, l'actrice, âgée de cinquante et un ans, se retrouva célibataire, sans argent (car elle avait dilapidé sa fortune) et sans travail. Arrêtée pour vol à l'étalage, elle accepta l'année suivante la publication de ses mémoires. À partir d'une quinzaine d'heures d'interviews, deux auteurs se chargèrent de la rédaction. *Ectasy and me* se plaça pour plusieurs semaines en tête des best-sellers. Dans ce livre, la plus belle femme du monde révélait étonnamment sa dépendance à la psychanalyse ! Elle consommait autant de psychiatres que de maris, les mettant parfois dans son lit ou les traînant sur les plateaux de cinéma pour une séance de psychanalyse entre deux prises.

Rapidement, Hedy, par ailleurs terriblement procédurière et toujours en manque d'argent, traînera en justice ses deux nègres littéraires pour dénoncer les mensonges du livre. Il est vrai qu'on ne peut qu'espérer l'exagération d'Hedy Lamarr dans ses mémoires, car sinon, l'actrice aurait subi un viol, des attouchements, une tentative de viol dans une salle de projection, la compagnie d'un fou furieux qui faisait l'amour à son effigie de cire, sans compter la longue liste de ses amants et de ses relations saphiques !

Mais le véritable drame de la lente descente d'Hedy Lamarr dans l'oubli tient dans cette phrase, tirée de sa biographie : « Mon visage est un masque que je ne peux ôter. »

Hedy Lamarr s'était persuadée que, sans sa légendaire beauté, elle cesserait d'exister aux yeux des autres et multiplia les opérations de chirurgie esthétique pour demeurer la plus belle femme du monde. Malheureusement, les résultats ne furent pas à la hauteur de ses espérances et Hedy sombra volontairement dans l'obscurité, luttant férocement contre l'utilisation abusive de son image, se débattant avec ses factures impayées et ses problèmes récurrents de vol à l'étalage. Elle évitait de sortir de chez elle, préférant communiquer avec ses proches par d'interminables conversations téléphoniques. Elle décéda dans son sommeil le 19 janvier 2000 à l'âge de quatre-vingt-cinq ans, dans sa dernière demeure, une petite maison à Casselberry, en Floride.

Selon son souhait, une partie de ses cendres ont été répandues par ses enfants, Denise et Anthony, dans les bois qui surplombent Vienne, sa ville natale.

Un an avant sa mort, Hedy avait répondu par téléphone au questionnaire de Proust pour le magazine américain *Vanity Fair*. À la question « Quand avez-vous été le plus heureuse ? », cette grande amoureuse avait répondu – était-ce de l'ironie ou de la sincérité ? : « Dans les périodes entre mes mariages » ...

L'AMOUR DONNE DES AILES

Nadine Vaujour

En janvier 1986, les fans du chanteur Daniel Balavoine pleuraient sa mort, dans un accident d'hélicoptère, au Mali. En février, trois attentats attribués au Hezbollah, ensanglantaient Paris, blessant huit personnes dans une galerie marchande sur les Champs-Élysées, cinq dans la libraire Gibert Jeune du quartier Saint-Michel et vingt-deux dans le magasin Fnac sport au forum des Halles. En mars, le président François Mitterrand nommait Jacques Chirac Premier ministre après la défaite de la gauche aux législatives, et deux autres attentats du Hezbollah, dans un TGV et sur les Champs-Élysées, allongeaient la liste des victimes du terrorisme. En avril, le réacteur numéro 4 de la centrale électronucléaire de Tchernobyl explosait, sans aucune conséquence, selon les autorités, pour la santé des Français. Début mai, le film de Roland Joffé, *Mission,* remportait la Palme d'or du festival de Cannes.

La même année, le 26 mai, Nadine Vaujour faisait évader son mari, Michel, de la prison de la Santé, en plein

Paris, en l'embarquant à bord de l'hélicoptère qu'elle pilotait.

Cette évasion audacieuse par les airs n'était pas une première. La primeur en revient à deux détenus qui s'étaient échappés, en 1981, de la prison de Fleury-Mérogis à bord d'un Écureuil. Toutefois, au contraire des précédents, la fuite orchestrée par la jeune femme s'effectua sans violence. Ni menaces ni armes ni prise d'otage.

Michel Vaujour était un habitué de la cavale : à trente-cinq ans, l'homme, fiché au grand banditisme, avait été surnommé « le roi de la belle » en raison de ses quatre évasions antérieures. Mais le récit de son échappée en hélicoptère attirait particulièrement l'attention sur l'exploit réalisé par sa complice. Les journaux et magazines à grand tirage ne s'y trompèrent pas qui affublèrent rapidement Nadine Vaujour de surnoms : « la belle de la belle », « Bonnie (et Clyde) de banlieue ». Le quotidien *Libération* employa dès le surlendemain la formule qui lui restera définitivement associée « la fille de l'air[1] ».

---

1. Nadine Vaujour la reprendra à son compte en titre de ses mémoires, qui inspireront le film éponyme de Maroun Bagdadi, réalisé en 1992 avec l'actrice Béatrice Dalle interprétant son personnage. La comédienne n'avait aucune ressemblance physique avec Nadine Vaujour, petite trentenaire mince, aux cheveux châtain foncé, mère de famille à l'allure sage et réservée. Pourtant, cette dernière était satisfaite du choix du réalisateur, arguant que Béatrice Dalle « avait la fragilité intérieure qu'elle avait en apparence, tandis qu'elle avait la force apparente qu'elle avait intérieurement » (*Le Soir,* 9 décembre 1992).

Ce qui passionnait les médias était l'ampleur du risque encouru, simplement par amour. Pourtant, rien ne semblait disposer la jeune femme, née Nadine Bourgain le 25 mai 1954, à devenir la protagoniste principale d'un fait-divers retentissant.

La petite Nadine était originaire de Reims où elle résidait dans le quartier ouvrier de la Case-Fayère, quatrième d'une fratrie qui comptait trois filles et deux garçons. Sa mère, fille d'émigrés italiens, démarcheuse à domicile en petit électroménager, avait épousé un homme de douze ans son aîné, menuisier sur les chantiers. Amoureux et jaloux, le père rentrait parfois saoul et la petite fille se souvenait des crises qui éclataient alors dans le couple. Pourtant, malgré les difficultés, Nadine affirmait garder de son enfance un excellent souvenir. Elle avait pour confident et ami son frère Gilles, à peine plus jeune qu'elle. Ce dernier souffrait de l'indifférence que son père affichait à son égard, lui préférant son autre fils. Leurs rapports s'envenimèrent au fil des années au point de faire éclater une violente dispute, qui conduisit Mme Bourgain à déménager avec Gilles dans un petit appartement, toujours à Reims. L'armistice fut finalement signé entre les deux époux, mais Gilles demeura seul dans le logement.

Livré à lui-même, le jeune homme révolté refusait de suivre la route de ses anciens amis d'école toute tracée vers les usines de la région. Libre d'agir, il voyait dans la délinquance la preuve de son insoumission à l'autorité. La justice ne l'entendait pas ainsi et Gilles se retrouva bientôt devant les tribunaux pour des délits de plus en plus graves. Il se spécialisa dans les casses qui lui permettaient d'œuvrer tranquillement la nuit dans les entrepôts déserts, sans risquer un face-à-face avec un particulier.

Mme Bourgain et Nadine n'envisagèrent pas un instant de l'abandonner à son sort, et débuta alors la ronde infernale des avocats, de l'attente des jugements et de la frustration des parloirs famille, lot des proches d'un délinquant.

Pendant que son frère s'enfonçait dans la criminalité, Nadine poursuivait un chemin nettement plus paisible. Titulaire d'un CAP de secrétariat, elle travaillait comme sténodactylo au moment de son mariage, en décembre 1971, à dix-sept ans avec Daniel, un jeune ouvrier guère plus âgé qu'elle. Le couple battit rapidement de l'aile et, quelques années plus tard, Nadine quitta le foyer conjugal avec leur petite fille.

Gilles, au contraire, semblait amorcer une nouvelle vie grâce à l'amour d'une femme qui lui donna deux enfants. Il ne renonçait pas pour autant à la délinquance et claironnait avec bravade devant sa sœur qu'au contraire d'une dégringolade, il s'agissait d'une escalade. Le casse, c'était de l'art. Il restait très proche de Nadine, lui racontant ses anecdotes de prison, parfois sinistres, parfois drôles comme celle où il lui expliqua l'évasion, en 1973, de ses codétenus de la prison de Châlons. Il avait décidé de ne pas les suivre, étant prochainement libérable. Il leur donna néanmoins un coup de main pour démonter la porte de la cellule. Le truand corse, qui se vantait de ses exploits dans le milieu, se déballonna au dernier moment et réintégra penaud la cellule où Gilles l'attendait, goguenard. L'autre, jeunot dans le métier mais d'une nature indomptable, avec qui il s'était immédiatement lié d'amitié, avait pris la poudre d'escampette avec, dans la poche, une adresse donnée par Gilles pour se replier en cas de pépin. Quatre années s'écouleront avant que les deux hommes ne se revoient. Gilles, à sa sortie, avait informé sa mère et sa sœur de bien accueillir cet ancien compagnon de cellule s'il refaisait un jour surface. Les amitiés qui se nouaient, même brièvement, en prison étaient parfois plus fortes que celles forgées de longue date. Michel Vaujour entra dans cette catégorie.

Cependant, en 1978, le braquage n'était plus à l'ordre du jour. Cette fois-ci, Gilles était recherché pour avoir tué un homme. Une dispute dans un café du quartier de la Case-Fayère avait dégénéré en bagarre mortelle. Profondément attachée à son frère, Nadine n'hésita pas à enfreindre la loi. Elle prit le risque de lui trouver une planque, un petit studio à Tours, et de l'y conduire avec le nécessaire pour y survivre. Huit mois plus tard, Gilles était arrêté.

Pendant ce temps, Mme Bourgain, veuve, vendit la maison à Reims et émigra avec Nadine et sa fillette en banlieue parisienne, dans un petit pavillon hérité de ses parents. Une page venait de se tourner dans l'histoire de la jeune femme, brusquement *persona non grata* dans le quartier de sa jeunesse. Elle entrait dans Paris comme on se retirait autrefois à la campagne, pour aspirer au calme. Les femmes semblaient y parvenir. Nadine avait trouvé un emploi de secrétaire et sa mère gardait la petite. Cette tranquillité était néanmoins troublée par les visites de Gilles, à nouveau en cavale, qui venait discrètement les rejoindre pour voir sa compagne et ses enfants qui montaient de Reims pour le retrouver… Le petit pavillon de Châtenay-Malabry, dans les Hauts-de-Seine, devenait le point de ralliement familial et, le temps d'un week-end, Nadine pouvait imaginer vivre une existence banale et heureuse, avec sa fille et ses neveux qui couraient gaiement dans les pièces de la maison.

Au début de 1980, une visite bouleversa ce fragile équilibre.

L'homme avait d'abord téléphoné pour prendre rendez-vous sous le faux prétexte de visiter le pavillon à la suite d'une annonce parue dans *France Soir,* signe convenu pour reprendre contact avec Gilles. Puis il s'était présenté. Nadine l'avait reçu simplement. Elle portait encore le tablier de cuisine enfilé pour la préparation du repas. Ils discutèrent pendant que Mme Bourgain allait prévenir Gilles. L'homme, d'emblée, plut à Nadine. Son humour, l'énergie qu'il dégageait malgré son apparente réserve et sa politesse à l'égard de la jeune femme la séduisaient. « Tout ce qu'une femme attend généralement d'un homme se trouvait chez lui », résumera-t-elle plus tard dans le récit de sa vie. En revanche, elle n'avait pas son aisance. Elle se sentait gauche, mal à l'aise sans maquillage et avec son tablier de cuisine. Petit à petit, Michel Vaujour apprivoisa Nadine. En retrouvant Gilles, ses filières de banditisme, ses planques et les braquages qu'ils commettaient ensemble, Michel avait également découvert la chaleur d'une famille et la tendresse des bras de Nadine.

La jeune femme n'était pas dupe de sa relation intime avec un bandit en cavale. L'argent des braquages devait financer son voyage en Amérique du Sud où il comptait refaire sa vie sous un faux nom avec peut-être, à la clé, un nouveau visage. Il avait dans ce but utilisé son temps d'emprisonnement pour apprendre l'espagnol. Dans les chambres d'hôtel où le couple se retrouvait clandestinement, ils parlaient et Michel baissait la garde, se dévoilant à cette jeune brune, différente de celles qu'il avait l'habitude de tomber avec facilité.

Ouvrier et père à dix-huit ans, il avait volé à Châlons-sur-Marne[1] où il résidait une voiture pour emmener sa belle danser à Reims. L'opération se déroulant sans anicroche, le couple avait réitéré l'opération jusqu'au jour où la police vint les arrêter. Ni une ni deux, Michel Vaujour prit la fuite et entra dans la spirale de la délinquance et de la cavale. Arrêté, il fut condamné à trente mois et jura de ne plus jamais retourner en taule. Non pas parce qu'il cesserait la cambriole, mais parce que cavale et évasion rythmeraient ses activités illégales : « C'était normal, j'aurais pas été étonné d'ouvrir un dico et de lire : *Prison* – Endroit d'où on doit s'évader[2]. »

La justice lui fit clairement et durement comprendre qu'elle ne l'entendait pas ainsi, et Michel Vaujour goûta plusieurs fois au quartier de haute sécurité (QHS). Loin de mater cette « forte tête », ces séjours renforcèrent son obsession de fuir. Jour et nuit, il concoctait des plans d'évasion. Le 15 janvier 1979, à la faveur d'un

1. Depuis, la commune a été renommée Châlons-en-Champagne (décrets du 26 décembre 1997 et du 6 novembre 1995).
2. Voir bibliographie en fin d'ouvrage, p. 235.

interrogatoire, il prit en otage, avec pour arme un pistolet en savon noirci au cirage, un juge de Châlons-sur-Marne dans son bureau du palais de justice et put ainsi s'enfuir sans encombre.

Un an plus tard, toujours en cavale, il alla frapper à la porte du petit pavillon de banlieue où vivait la sœur de son « meilleur pote ». Nadine se révéla être le grain de sable dans les rouages d'une machine que Michel voulait efficace, préparant minutieusement chaque détail de ses braquages, recourant au yoga et à la méditation, découverts en prison, pour maîtriser ses émotions. Malgré lui, elle le retenait en France, incapable de se séparer de cette jeune femme pour laquelle le plaisir des corps s'était mué en plaisir d'être ensemble. Ainsi qu'il le précisa, dans un livre relatant son expérience de vie, il fut progressivement « pris dans ce grand classique du sentiment qui a mis fin à la cavale de tant et tant d'hommes ».

Le couple devint brocanteurs et Nadine s'illusionnait dans cette vie qui la rendait heureuse, refusant d'admettre que Michel aurait toujours un pied en dehors de la légalité. L'arrestation de Gilles, ami et compagnon de braquage pour Michel et frère tendrement aimé de Nadine, les rapprocha plus encore et les conduisit en Italie prendre l'air pour lui éviter d'être « serré », lui aussi, par la police. Toutefois passer la frontière n'apaisa pas ses craintes. Le retour s'effectua alors, avec une petite halte dans une clinique où une opération du nez modifia l'apparence de son visage. D'autant plus qu'il n'avait plus envie de quitter Nadine, enceinte. L'annonce de sa grossesse, d'abord mal reçue, réveillait en lui l'envie de vivre normalement. La jeune femme y voyait la chance qu'elle attendait d'assagir son homme. Une jolie maison dans la Drôme accueillit le futur père, Nadine et sa petite fille. À ce tableau idyllique manquaient les animaux. Les juments Blanche et Dolly, ainsi que l'étalon Apache vinrent grossir les rangs, avec la chatte, la chienne, les chatons et les chiots.

Michel réclama cependant de séjourner une semaine à Paris, le temps de « régler ses affaires ». Nadine refusa de le laisser seul et prit ses quartiers dans le pavillon de sa mère pour l'attendre.

Le 2 septembre 1981, la police fit irruption dans la maison. Le visage transformé par la chirurgie de Michel ne s'était pas révélé la garantie espérée. Ses empreintes l'avaient trahi.

Dans le pavillon, les policiers découvrirent des armes et notèrent que des sommes suspectes avaient transité sur le compte bancaire de Nadine. Arrêtée, la sentence tomba rapidement. Accusée de recel de malfaiteur, la jeune femme partit « au trou ». Enceinte, elle fut d'abord incarcérée à Fresnes. Dans la nuit du 17 au 18 septembre, transportée au quartier carcéral de l'Hôtel-Dieu, elle y accoucha d'une petite fille.

De retour à la section des femmes de l'hôpital de Fresnes où sont internées les détenues malades d'un côté de l'étage et les femmes enceintes et les jeunes mamans de l'autre, Nadine fit l'expérience de l'enfermement. Bien que l'ambiance s'apparentât davantage à celle d'un hôpital, les stigmates de sa condition nouvelle l'étouffaient : cages, menottes, clé, cour. Ce sentiment d'impuissance et d'ennui qui aseptisait le cerveau s'accentua avec son transfert à la prison de Fleury-Mérogis, lorsque le bébé eut un mois, et, cinq mois plus tard, lorsqu'elle redevint une prisonnière ordinaire après avoir confié la garde de sa petite fille à la sœur de Michel. Cellule 6, un lit, une table, une chaise, des toilettes, un placard et la porte sans poignée. L'emprisonnement la changea et, d'une certaine manière, balaya définitivement ses dernières distances envers Michel. Elle comprenait à présent son incapacité viscérale à supporter l'enfermement.

Malgré ce séjour en prison provoqué par sa relation avec Michel, l'amour qu'elle lui portait ne faiblissait pas. Au contraire, elle souhaitait renforcer les liens qui les unissaient. Seule la légalité d'un mariage pouvait lui permettre d'être à ses côtés dans l'adversité et faire valoir ses droits. Nadine le proposa à Michel qui finit par accepter, malgré son inquiétude d'enchaîner l'existence de la jeune femme à celle d'un braqueur promis à une lourde peine. Ils s'unirent le 27 mai 1982 dans la prison de Fresnes, avec une surveillante et l'aumônier pour témoins. La jeune épousée reçut un double cadeau de noces. Elle fut libérée le soir même et, dans le pavillon de sa mère, elle retrouva son frère Gilles, en permission de sortie.

Dans les lettres que s'adressait le couple ou au parloir, l'amour était toujours au rendez-vous, mais Michel ne partageait pas l'optimisme de Nadine de lui faire retrouver la vie heureuse à laquelle ils avaient goûté dans la Drôme. Quand elle parlait possibilité de remise de peines, grâces, réformes, il lui rétorquait qu'il avait épluché le code pénal et qu'il risquait trente-six ans de détention. À sa réponse de s'en tirer selon les lois, il rétorqua par sa propre méthode : l'évasion. Mais sa tentative échoua et le renvoya aussi sec au mitard.

Lors des parloirs, la conversation finissait par porter exclusivement sur des projets de se faire la belle. Nadine se transforma en messagère pour des « amis sûrs » qui pourraient l'aider à transformer un second essai en réussite. Cependant, la solidarité des malfrats à l'extérieur des murs ne se révélait pas aussi solide et efficace que Michel ne l'espérait. Lentement, à force de désillusions et de rendez-vous manqués, l'idée s'insinua en Nadine qu'elle était la personne la plus motivée pour entreprendre l'opération de délivrer son mari. Puisque le transfert de Michel à la prison de la Santé leur avait fait évoquer l'éventualité d'une échappée par les airs, elle allait se charger de piloter l'hélicoptère.

Bien sûr, il y avait un hic.

Elle qui avait le vertige dans les ascenseurs et aurait été bien en peine de changer une roue de voiture, comment allait-elle parvenir à franchir toutes les étapes menant à l'obtention d'un brevet de pilote ?

C'était méconnaître la force intérieure qui animait ce petit bout de femme discrète, à la voix posée, dont le plus grand plaisir était de retaper de vieux meubles pour leur redonner vie. Elle confia, des années plus tard, à une journaliste qu'elle n'aurait « jamais mobilisé une telle énergie pour un hold-up ». « Là, j'ai trouvé une espèce de force pour arriver à une fin heureuse, propre, sans violence. Je montrais à la fois à mes hommes engagés dans une voie sans issue et à la justice avec ses barreaux, ses menottes et ses hauts murs, qu'ils se mettent tous dedans[1]. » Ce plan d'évasion, singulier puisqu'il l'obligeait à prendre des cours de pilotage, offrait un avantage inestimable : celui de poser ses conditions à son bouillant mari, d'abord incrédule et déçu d'avoir été lâché par ses compagnons, puis admiratif. Pas d'arme, pas d'otage. Quant à ses fameux amis qui se montraient si peu empressés de passer à l'action, elle sollicita de leur part le financement de son entreprise onéreuse auquel son petit salaire était incapable de subvenir, ce qu'elle obtint sans problème.

Inscrite à l'héliport d'Athis-Mons près de Pontoise, elle s'y présenta sous sa véritable identité. Les jambes flageolantes, elle prit place à côté du pilote pour une première prise de contact à bord d'un Bell. Mais lorsque l'engin se reposa enfin sur le sol, Nadine était enchantée. Ce court vol avait été féerique et donnait corps à sa promesse de faire envoler son mari de sa prison.

Dès lors, elle concentra toute son énergie à réussir sa formation. Deux fois par semaine, elle se rendait à l'héliport pour ses cours de pilotage et le reste du temps, elle étudiait, apprenant sur le bout des doigts le *Manuel du pilote privé,* simulant sur un siège tous les gestes à exécuter, dans le silence de la maisonnée, une fois les enfants endormis. Sa progression l'enchantait. Gilles, libéré en février 1983, avait été mis dans la confidence et avait promis de s'occuper de la coordination. Pour le reste, Nadine estimait qu'il s'agissait d'une affaire privée entre elle et son mari, comme un long poème d'amour qu'elle

1. Citée dans *Libération,* 26 mai 2006.

lui adressait en organisant son évasion. Il fallait annoncer à Michel que le plan prenait véritablement tournure. Par le biais d'une émission de radio relayant des messages des familles aux détenus, Gilles l'informa en langage codé que tout se déroulait selon leurs prévisions : « L'amour donne des ailes… »

Dans cette atmosphère enfiévrée, des brouilles passagères assombrissaient la complicité entre le frère et la sœur. Nadine lui reprochait de vouloir monter des braquages au lieu de se « ranger des affaires ». Elle voulait repartir sur d'autres bases. Gilles la traitait de naïve en lui rappelant que cet argent était indispensable pour financer leur fuite en Amérique du Sud. Le Deug de philo obtenu par son frère lors de son internement lui offrait des arguments imparables pour mener la discussion à son avantage. Comme pour Michel et son yoga, Nadine en retour se désolait de le voir pervertir un enseignement pour servir ses intentions. De toute façon, assénait-il pour couper court aux tentatives de Nadine de lui faire entendre raison, il avait un casse en vue. Une affaire en or à laquelle il songeait depuis quatre ans et qu'il refusait de laisser passer.

Le 5 juillet 1983, en début d'après-midi, un commando armé attaqua des convoyeurs de fonds qui venaient approvisionner le siège social du Crédit Lyonnais en plein centre-ville de Tours. Dans la fusillade qui s'ensuivit, deux des malfaiteurs furent blessés, le troisième mourut brûlé vif dans l'explosion de sa camionnette. C'était Gilles.

Effondrée par l'annonce de sa mort, Nadine mena malgré tout à terme son stage de pilote et obtint son brevet sans joie. Confusément, elle tenait Michel responsable de la mort de Gilles et reportait régulièrement les plans d'évasion à plus tard. Elle n'avait pas l'intention d'oublier la promesse faite par une femme amoureuse, mais le chagrin l'emportait. L'administration pénitentiaire, ayant eu vent de rumeurs d'évasion, se chargea de trancher le dilemme de Nadine, en transférant Michel dans le nord de la France, à Loos-les-Lille.

En mai 1984, le prisonnier fut rapatrié à Fresnes et réagit à son enfermement avec sa méthode habituelle : en tentant de se faire la belle. Les gardiens découvrirent un beau matin avec stupéfaction dans sa cellule un bel arsenal pour une fuite : perruque, corde, explosifs. La police perquisitionna immédiatement chez Nadine pour vérifier si elle pouvait être à l'origine de l'introduction du matériel dans la prison. Les enquêteurs, dans leur fouille, découvrirent son brevet de pilote. En soi, cela ne constituait pas une infraction, mais lorsqu'on s'appelle Mme Vaujour, un tel diplôme engendre la suspicion… Son nom fut diffusé à tous les héliports de France. Des mois d'efforts et une grosse somme d'argent venaient d'être fichus en l'air !

Les semaines puis les mois s'écoulèrent. Michel avait été transféré à Fleury-Mérogis. Nadine faisait vivre sa famille. La cour d'assises, en mars 1985, jugea un des braquages pour lesquels il était accusé, ayant donné lieu plus tard à un échange de coups de feu avec les forces de l'ordre, blessant un policier. Michel reconnaissait le hold-up, mais niait une quelconque participation au second. La peine prononcée, jointe aux condamnations qu'il purgeait, le rendait libérable en 2017. Michel était plus désespéré qu'un fauve en cage et Nadine comprenait qu'il ne verrait jamais ses fillettes grandir. Le déclic se fit en elle. Elle démissionna de son poste, récupéra l'argent de la vente de la maison drômoise et reprit son projet d'évasion par hélicoptère.

Il n'était plus question de s'afficher au grand jour. Fuyant les héliports parisiens, Nadine séjourna à Annecy pendant un mois, sous une fausse identité associant le prénom d'une cousine avec le nom de sa mère. Léna Rigon, rajeunie de quelques années sur ses papiers, se prétendait suédoise et antiquaire. Elle préférait, expliquait-elle, la Savoie pour apprendre à piloter en raison des prix inférieurs au marché pratiqués par le club. Son instructeur ne pouvait que se réjouir de cette élève douée et obstinée qui forçait l'admiration. Le soir, solitaire dans sa petite chambre d'hôtel, elle potassait assidûment un autre manuel : les plans de la prison de la Santé que lui avait fait parvenir Michel. Elle obtint son brevet (pour la deuxième fois) avec une note de 58/60 pour la partie théorique. L'examen pratique se fit à bord d'un vieil hélicoptère rouge, capricieux et rétif, amoureusement entretenu par son instructeur. Cet Hiller UH-12 avait connu son heure de gloire, ô ironie de l'histoire, en apparaissant dans le dernier volet de la trilogie cinématographique consacrée à Fantômas, redoutable malfaiteur échappant systématiquement à la police[1]... Un petit tour en Alouette, histoire de convaincre définitivement le testeur et Léna Rigon

1. *Fantômas contre Scotland Yard* (1967), réalisé par André Hunebelle, avec Jean Marais, Louis de Funès et Mylène Demongeot.

alias Nadine Vaujour obtint haut la main son brevet de pilote devant son instructeur ravi. Elle était la première cliente brevetée de sa toute nouvelle école de pilotage !

Nadine retourna en banlieue parisienne, discrètement inscrite à l'héliport de Saint-Cyr l'École, dans les Yvelines, toujours sous un faux nom, afin de se familiariser avec l'Alouette, qu'elle avait choisi pour l'évasion. Il fallut également enrôler un nouvel équipier pour l'épauler le jour J. Après quelques déceptions, un candidat sérieux accepta la tâche. Nadine ne livrera jamais le nom du complice de cette aventure qu'elle appellera Daniel dans le récit qu'elle en fera.

Michel fut transféré pour plusieurs mois à la centrale de Bois-d'Arcy. Nadine fit connaissance avec cette nouvelle prison. Son mari était enfermé entre quatre murs, mais la jeune femme l'était elle aussi dans son projet. Coupée de ses amis, auxquels elle ne donnait plus signe de vie, distraite avec ses enfants, absorbée par les détails du plan, la nuit ranimait ses angoisses profondes. Elle se réveillait en sursaut, étouffant, persuadée dans ses cauchemars que la carlingue avait pris feu et qu'elle périssait brûlée comme son frère.

Une fois encore, le prisonnier changea de geôle et réintégra la prison de la Santé, sans régime particulier de surveillance. Son statut de simple détenu allait faciliter les choses, et les deux équipiers décidèrent de ne plus attendre pour passer à l'action et enlever Michel depuis la cour de la promenade.

Le lundi 26 mai 1986, Nadine se rendit à l'héliport pour louer un Alouette. Elle enfila sa combinaison kaki de pilotage, installa « Daniel » à ses côtés en lui rappelant de faire très attention à ne laisser aucune empreinte. Le matériel à larguer, la corde de secours et la carte aérienne avaient été cachés dans la forêt et l'appartement nettoyé pour ne pas compromettre son complice.

La veille du jour J, la jeune femme avait fêté ses trente-deux ans en famille, puis elle avait insisté pour que la plus jeune de ses filles dorme chez sa grand-mère. L'aînée était restée. Pas question pour sa mère de lui faire manquer un jour d'école. Elle avait pour consigne de rejoindre sa grand-mère à la fin des cours.

L'hélicoptère décolla dans un beau ciel bleu. À l'approche d'Issy-les-Moulineaux, elle se garda bien de signaler son passage. Elle aperçut la grue qui devait lui servir de repère pour se diriger vers la Santé, ignorant volontairement la loi qui interdit le survol de la capitale. Un intermédiaire avait prévenu Michel que l'hélicoptère était en route, rassurant également Nadine sur la présence de son mari dans la cour. Pour la circonstance, Michel s'était habillé de vêtements aux couleurs voyantes.

Quinze mètres au-dessus du sol de la cour de la prison, à 10 h 40, l'énorme moustique de teinte crème s'immobilisa. Daniel balança le sac contenant une corde à nœuds, une canne télescopique et une arme factice afin de permettre à Michel d'accéder aux toits et de grimper dans l'hélico. Nadine se concentrait à maintenir l'appareil stationnaire. Il s'agit de l'exercice le plus complexe pour un jeune pilote qui doit équilibrer la « montée descente » et les poussées latérales de l'engin. Son instructeur pouvait être fier d'elle car elle en maîtrisa brillamment la synchronisation. Concentrée, elle se sentait habitée par un sentiment de dédoublement, comme si une autre exécutait les gestes à sa place.

Brusquement, Michel s'accrocha au patin et frappa sur la vitre en plexiglas : « Décolle ! »

Pendant que l'alarme était donnée, Nadine posa l'Alouette sur la pelouse de la Cité universitaire, porte de Gentilly. Daniel s'enfuit de son côté, récupéré par un motard. Nadine et Michel s'engouffrèrent dans une voiture prévue à cet effet.

La cavale commença.

Le premier dimanche de septembre, Lisette donna rendez-vous à la gare du Buisson, en Dordogne, aux nouveaux locataires d'une maison située à cinq cents mètres de la sienne afin de leur remettre les clés. Elle rendait ainsi régulièrement ce service aux propriétaires parisiens qui la louaient par petites annonces. Un voisin agriculteur l'accompagnait. Le couple et leurs deux filles, l'une de onze ans et l'autre de quatre ans, étaient charmants et polis. Ils insistèrent pour leur offrir un verre en remerciement du dérangement causé. Jacques Goux et sa famille s'installèrent dans cette demeure, retirée en lisière de forêt, au hameau de Le Scourbet, près de Peleyrac. Le couple circulait dans une Renault de location de couleur bordeaux ou à moto. Les rares habitants qui les croisaient s'étonnaient de la non-scolarisation des enfants, mais puisqu'ils étaient discrets et sympathiques, nul ne songeait à approfondir la question.

Après les planques de Paris et des Vosges, Nadine et Michel jouissaient en Dordogne d'une relative tranquillité. Néanmoins, les heures de bonheur étaient ternies par leurs différends. Nadine ne voulait pas entendre parler de l'Amérique du Sud. Épouse et complice d'un truand recherché par toutes les polices de France et de Navarre, elle aspirait à une simple vie de famille, sans être déracinée à des milliers de kilomètres de son pays. D'autant plus qu'elle était à nouveau enceinte.

De son côté, Michel pensait à l'avenir qui s'annonçait morose sans argent. Une cavale coûte affreusement chère et ne cesse jamais.

Le contact avec son milieu n'était pas rompu et, calibre dans le blouson, Michel regagna Paris pour le braquage d'une banque, en compagnie de deux truands qu'il avait connus à Reims.

Le vendredi 26 septembre 1986, cinq mois, jour pour jour, après son évasion spectaculaire de la Santé, une fusillade mit un point final à la cavale de Michel Vaujour. Le braquage du Crédit Lyonnais de la rue Belgrand dans le vingtième arrondissement de la capitale avait mal tourné. Pour Michel, l'attitude à tenir en cas de pépin était claire : « Si les flics se mettent sur mon chemin, je ne lève pas les mains, j'allume[1]. » Les échanges de tir blessèrent un policier et une employée de la banque. À son tour, Michel reçut une balle dans la tempe. Dans la poche d'un de ses acolytes, les policiers trouvèrent un numéro de téléphone en Dordogne...

1. Cité dans *Libération*, 30 août 2005.

Nadine fut immédiatement arrêtée, les enfants placés. Sur les photos prises à l'époque, elle n'affiche ni révolte ni arrogance, seulement un air triste et las.

Après une semaine de coma, son mari se réveilla hémiplégique du côté gauche, tandis qu'elle était condamnée à vingt-quatre mois de prison dont neuf avec sursis pour complicité d'évasion. Quelques mois plus tard, en prison, le 22 mars 1987, elle accouchait d'un petit garçon.

À force de ténacité, utilisant les techniques du yoga auquel il était resté fidèle, Michel Vaujour, lentement, retrouvait sa mobilité. Nadine, sortie de prison, avait repris le chemin du parloir. Mais la cavale, pour elle, était un chapitre clos. Elle a eu la chance, disait-elle, de ne « pas choper cette espèce de haine qui traîne en prison. Qui fait que pour certains, plus on les met en détention, plus ils ont la tête dure[1] ». Les droits d'auteur du livre *Fille de l'air*, relatant en 1989 l'évasion et l'argent touché pour le film éponyme de 1992 qui s'en inspirait, furent investis dans la pierre pour avoir enfin un toit au-dessus de sa tête et celle de sa famille et non plus dans les plans chimériques de Michel qui insistait pour se refaire la belle. Le couple se délitait, chacun déçu par les positions fermes de l'autre. À la sortie, du film *La Fille de l'air*, qui symbolisait leur histoire d'amour, Michel choisit la séparation et de continuer à rêver d'évasion.

Nadine se replia dans la discrétion. Elle avait une famille à nourrir et l'ambition maternelle de prouver que la délinquance n'est pas héréditaire. Elle travailla comme

1. Citée dans l'émission *Ex-libris* du 15 mars 1990, diffusée sur TF1.

secrétaire, passa une licence d'art plastique, éduqua ses enfants en montrant l'exemple d'une vie droite.

Aux journalistes qui l'interrogent depuis sa libération, Nadine ne peut que répéter que sa prouesse technique de 1986 n'était que le projet personnel d'une femme amoureuse : « Je l'ai fait parce que je devais le faire. » Le tapage médiatique accompagnant la sortie de la biographie de son ex-mari en 2005 l'a néanmoins meurtrie. Leurs relations, y compris entre le père et les enfants, étaient inexistantes (au point d'ailleurs qu'elle n'avait pas été informée de la publication du livre). De leur folle équipée « dans ce carré de ciel bleu sous le soleil de mai », elle ne désire plus que conserver les bons souvenirs et « l'offrir à tous les amoureux, car ça, c'était beau[1] ».

---

1. Citée dans *Libération*, 26 mai 2006.

« Ce qu'est l'amour, dans certaines âmes, qui le dira ?

« Quand deux êtres qui l'ont ressenti de la même façon se rencontrent au soir de leur vie, ils se regardent en silence, se reconnaissent, se devinent et pleurent ; mais à qui n'a jamais reçu sa profonde et brûlante atteinte, comment la faire comprendre, par quelles paroles le définir ? [...]

« Pour un homme dans un siècle, pour une femme entre mille, l'amour n'est point une faiblesse mais une force ; c'est l'effort suprême de l'âme pour franchir les limites de son existence terrestre, pour vaincre son néant et reconquérir dès ici-bas l'immortalité perdue. »

14 novembre 1841
Marie de Flavigny, comtesse d'Agoult[1]

1. *Mémoires, souvenirs et journaux de la comtesse d'Agoult*, présentation de Charles Dupêchez, Mercure de France, 2007.

Remerciements

À Guy Stavridès et Guillaume Dervieux pour leur confiance.

À Clémentine Portier-Kaltenbach dont l'enthousiasme n'a d'égal que sa générosité.

À mes hommes, pour leur patience.

Principales références bibliographiques

Sur Odinette de Champdivers

Françoise Autrand, *Charles VI*, Fayard, 1986.

Victor Du Bled, *Histoire anecdotique et psychologie des jeux de cartes, dés, échecs*, Delagrave, 1919.

Jean Markale, *Isabeau de Bavière*, Payot, 1982.

Louis Prevel, *Notice sur Odette ou Odinette de Champdivers et Marguerite de Valois, sa fille*, Annales de la société académique de Nantes et du département de la Loire inférieure, Imprimerie Merlinet, 1879.

Cédric Quertier et David Sassu-Normand, « Entretien avec Françoise Autrand et Bernard Guenée, à propos de la folie du roi Charles VI », *Tracés. Revue de Sciences humaines*, 6, 2004.

Auguste Vallet de Viriville, *Odette ou Odinette de Champdivers était-elle fille d'un marchand de chevaux ? Notes historiques sur ce personnage*, Bibliothèque de l'École des chartes, 1859, t. xx, p. 171-181.

Sur Roxelane

André Clot, *Soliman le magnifique*, Fayard, 1983.

Caroline Finkel, *Osman's Dream. The History of the Ottoman Empire*, New York, Basic Books division of Perseus Books Group, 2005.

Bernard Lewis, *Race et esclavage au Moyen-Orient*, Gallimard, 1993.

Philip Mansel, *Constantinople, la ville que désirait le monde 1453-1924*, Le Seuil, 1997.

Sur Olympe Mancini

Frantz Funck-Brentano, *La Cour du Roi-Soleil*, Grasset, 1937.

Jacques Hillaret, *Les Mazarinettes ou les sept nièces de Mazarin*, Les éditions de Minuit, 1976.

Jean-Christian Petitfils, *L'Affaire des poisons, crimes et sorcellerie au temps du Roi-Soleil*, Perrin, 2010.

Yvonne Singer-Lecocq, *La Tribu Mazarin*, Perrin, 1989.

Sur Sophie de Ruffey, marquise de Monnier

Guy Chaussinand-Nogaret, *Mirabeau*, Le Seuil, 1982.

Duc de Castries, *Mirabeau ou l'échec du destin*, Librairie Arthème Fayard, 1960.

Benjamin Gastineau, *Les Amours de Mirabeau et de Sophie de Monnier, suivis des lettres choisies de Mirabeau à Sophie, de lettres inédites de Sophie, et du testament de Mirabeau*, Paris, 1863.

Claude Quétel, *Les Lettres de cachet, une légende noire*, Perrin, 2011.

Honoré Gabriel de Riqueti, comte de Mirabeau, et Joseph Mérilhou, *Œuvres de Mirabeau : Lettres à Sophie*, 1835.

Sur Sophie Dawes, baronne de Feuchères

Louis André, *La Mystérieuse Baronne de Feuchères*, Perrin, 1925.

Marjorie Bowen, *The Scandal of Sophie Dawes*, London, John Lane, 1935.

Pierre Cornut-Gentille, *La Baronne Feuchères, la mort mystérieuse du duc de Bourbon*, Perrin, 2000.

Victor McClure, *She Stands Accused*, London, Harrap, 1935.

Violette Montaigu, *Sophie Dawes, Queen of Chantilly*, London, John Lane, 1912.

SUR VIRGINIA VERASIS, COMTESSE DE CASTIGLIONE

Nicole G. Albert, *La Castiglione, vie et métamorphoses*, Perrin, 2011.

Alain Decaux, *La Castiglione, dame de cœur de l'Europe*, Amiot-Dumont, 1953.

Massimo Grillandi, *La Contessa di Castiglione*, Milan, Rusconi, 1978.

Arrigo Petacco, *L'Amante dell'Imperatore, amori, intrighi e segreti della contessa di Castiglione*, Milan, Mondadori, 2000.

Louis Sonolet, *La Vie parisienne sous le Second Empire*, Payot, 1929.

SUR CATHERINE DOLGOROUKY

Wladimir Berelowitch, *Le Grand Siècle russe*, Gallimard, 2005.

Cyrille Boulay, *La France des Romanov*, Perrin, 2010.

Hélène Carrère d'Encausse, *Alexandre II*, Fayard, 2008.

Laurence Catinot-Crost, *Le Démon bleu du tsar. Katia, l'épouse du tsar libérateur*, Atlantica, 2003.

Alexandre Tarsaidze, *Katia. Wife before God*, New York, Macmillan, 1970.

SUR MILEVA EINSTEIN

Denis Brian, *Einstein, le génie, l'homme*, Robert Laffont, 1997.

Roger Highfield et Paul Carter, *The Private Lives of Albert Einstein*, Faber and Faber, 1993.

Desanka Trbuhović-Gjurić, *Mileva Einstein. Une vie*, Éditions des femmes, 1991.

www.alberteinstein.info, site de l'université hébraïque de Jérusalem, dépositaire des papiers d'Albert Einstein.

SUR MARGA D'ANDURAIN

Jacques d'Andurain, *Drôle de mère*, In Libro Veritas, 2007.

Jacques d'Andurain, *Commentaires après-guerre*, In Libro Veritas, 2007.

Julie d'Andurain, *Marga d'Andurain (1893-1948), une Occidentale d'avant-garde en Orient*, mémoire de maîtrise Paris I sous la direction du professeur Daniel Rivet, 1996.

Marga d'Andurain, *Le Mari Passeport*, Jean Froissart, 1947.

Monique Georges, *Le Colonel Fabien était mon père*, Mille et une nuits, 2009.

Annie Sartre-Fauriat et Maurice Sartre, *Palmyre, la cité des caravanes*, Découvertes Gallimard, 2008.

Maurice Sartre, *La Syrie antique*, Découvertes Gallimard, 2002.

Henri de Wailly, *Liban-Syrie le mandat 1919-1940*, Perrin, 2010.

SUR HEDY LAMARR

Ruth Barton, *Hedy Lamarr, The Most Beautiful Woman in Film*, University Press of Kentucky, 2010.

Hedy Lamarr, *Ecstasy and Me. My Life As a Woman*, Mayflower paperback, 1967.

Georg Misch, *Calling Hedy Lamarr* (documentaire), 2004.

Richard Rhodes, *Hedy's Folly : The Life and Breakthrough Inventions of Hedy Lamarr, the Most Beautiful Woman in the World*, Double Day Publisher, 2011.

SUR NADINE VAUJOUR

Nadine Vaujour, *Fille de l'air*, Michel Lafon, 1989.

Michel Vaujour, *Ma plus belle évasion*, Presses de la Renaissance, 2005.

Autres sources : *Libération* (années 1986-1987-1989 à 1993-1996-2005-2006-2009), *Paris Match* (années 1986-1987-1989 à 1996) et Ina.

Table des matières

Crédits iconographiques

p. I, Charles VI et Odette de Champdivers, © Musée Baron Martin, Ville, Gray ; p. IIa, Roxelane, © Alamy/Photo 12.com ; p. IIb, Hortense, Olympe et Marie Mancini, © The Bridgeman Art Library ; p. III, Sophie de Monnier, © 2012, Photo The Print Collector/Heritage-Images/Scala, Florence ; p. IV, Sophie Dawes, © Photo Josse/Leemage ; p. Va Virginia Oldoïni jeune, © Photo-Re-Pubblic/Leemage ; p. Vb, Comtesse de Castiglione âgée, © E. Lessing/AKG images ; p. VI, Catherine Dolgorouki, © R.-G. Ojéda/RMN-Grand Palais (musée d'Orsay) ; p. VIb, Mileva Einstein, © Science Photo Library/AKG Images ; p. VII, Marga d'Andurain, © collection particulière « Julie d'Andurain » ; p. VIIIa, Hedy Lamarr, © Sunset Boulevard/Corbis ; p. VIIIb, Nadine Vaujour, © Renard/Sipa Press.

Achevé d'imprimer en décembre 2012 par EMD S.A.S. (France)
N° éditeur : 2013/0410 - Dépôt légal : décembre 2012
N° d'imprimeur : 27530